生命的礼物

张咪——著

长江出版传媒 长江文艺出版社

北京长江新世纪文化传媒有限公司
Changjiang New Century Culture and Media Ltd.Beijing
出品

癌症不是生命的终点，而是重生的起点。病魔一次次光临，没有让我停下脚步，反而让我愈发从绝望中找到希望

C^{ONTENTS}目 录

Chapter 05
一路歌唱 一路流浪

Chapter 06
敬畏癌症 但绝不妥协

Chapter 07
活成一道光

自序

生命的和声

当舞台的灯光熄灭，当掌声渐渐远去，一个歌者将如何面对生命的考验，这本书，记录的不是一个关于疾病的故事，而是一曲关于勇气、希望与爱的生命和声。

我是张咪，一个唱了三十多年歌的歌者。曾经，我以为生命的意义在于舞台上的光芒；如今，我明白生命的真谛在于面对黑暗时的勇气。三次癌症的诊断，没有让我停下脚步，反而让我在生命的低谷中找到了最真实的自己。

这本书中的每一个字，都是我用心血写出的生命笔记。它记录了我从恐惧到坦然，从绝望到希望的心路历程；记载了我在化疗室与舞台之间奔波的日日夜夜；讲述了我如何将个人的苦难，转化为帮助他人的力量。

我要感谢我的先生和我的家人，是你们的不离不弃让我有了坚持的勇气；感谢我的医疗团队，是你们的专业与关怀让我重获健康；感谢我的歌迷朋友们，是你们的支持让我知道生命的价值不在于长短，而在于如何活出精彩。

特别要感谢我的经纪人，十二年的陪伴，你不仅是工作的伙伴，更是生命的战友。我们一起经历了太多难忘的时刻，你的支持是我前行的重要力量。

这本书，是我送给所有正在与疾病抗争的朋友的礼物。我想告诉你们：癌症不是终点，而是重新认识生命的起点。希望我的故事能给你们带来力量，让更多人看到生命的韧性，感受希望的光芒。

生命如歌，有高潮也有低谷。但只要我们心中有爱，有希望，就能唱响最动人的旋律。让我们一起，用勇气谱写生命的乐章，用希望照亮前行的道路。

张咪

2025 年 2 月于北京

小引

挑战死亡，面对死亡

以前，我从未想过"癌症晚期"这四个字会和自己有所关联，甚至拿到确诊报告那一刻，我都无法相信眼前的白纸黑字是真的。从绝望到接受的过程有些漫长，因为触及生死的命题，我突然对"向死而生"的概念有了更深刻的感悟：生命的存在本身是走向"死亡"，但这并不妨碍我们积极追求生活的多彩。在不停地化疗、放疗中，我仿佛坠入痛苦的深渊，掉发、眩晕、呕吐等症状，让我痛不欲生。但医生、家人、朋友的鼓励和陪伴让我在深渊里看到一丝曙光，苦中作乐地感悟人生，让我对人生有了别样的体会。

在生病的日子里，我几乎和外界断了所有联系。很多朋友都找不到我，我也很少看微信，就算收到了短信，我也不知道该怎样回复。2019 年 11 月 26 号，我在我的微博上发了一篇短文，告知大家我生病了。没想到不到半个小时，这条微博便上了热搜第一名，以及海外中文热搜榜，点击率达到 5.6 亿，总体点击率 14 亿。突然间，我被来自全世界四面八方的祝福和鼓励包围着。这种能量太大了！我全都接收到了，我感到非常幸福，非常开心！当时我想，我没有理由不活下来，而且要活得更精彩！

在我人生最黑暗的时刻，每一句鼓励、每一份温暖我都加倍珍惜。感恩身边的每一位朋友在我生病期间的牵挂，感恩所有朋友的鼓励！是你们的爱给了我力量，给了我勇气让我坚持！感恩生活！感恩苦难！感恩你们！谢谢你们！

回首过往的日子，原来人的经历也可以坎坷到极致，精彩到极致！每一次经历也许都是上天对我的考验，是为了让自己变得更好、更强大！现在的我每天看到太阳升起都会觉得是最大的幸福，如果我能挑战死亡，并战胜死亡，未来还有什么需要惧怕？我觉得这不是死神的最后通牒，这只是我人生中的一场小感冒。

透过玻璃窗寻找阳光下舞动的小生命，在与家人相处的每分每秒中感悟亲情的意义。我从未像现在这样充满希望，我期待亲手触摸、感受阳光的温度，期待再次站在我最心爱的舞台上……

CHAPTER 01

世界赠我一场病

时光 一如既往／往事 恍如云烟／向前的脚步是我的回答／
不怕 不怕 不怕／城市 一如既往／希望 把心点亮／如雨的汗水是
我的回答／有你 有我 有他／一年四季 春秋冬夏／爸爸妈妈 不要
牵挂／无悔的执着是我的回答／我家 国家 大家

——一如既往（周炼词／张咪、仲衡曲）

舌癌手术后，我在普吉岛遇见重生

刺眼的白炽灯，消毒水刺鼻的气味，以及喉咙里插着的管子，这是我舌癌手术后醒来时的第一印象。那段与病魔抗争的日子，仿佛一场噩梦，而我，是那个拼尽全力想要醒来的梦中人。

手术很成功，但代价是失去了部分舌头和味觉。我无法清晰地说话，无法品尝美味的食物，甚至连吞咽都变得困难。曾经热爱美食、热爱旅行的我，仿佛被剥夺了生活的乐趣。

康复的过程漫长而艰辛，但我始终没有放弃希望。我积极配合治疗，努力练习发音，即使只能说出含糊不清的词语，我也坚持每天与人交流。我知道，只有战胜内心的恐惧，才能真正地战胜病魔。

舌癌手术两个月，春节马上就要到了，手术前后的崩溃、恐惧、煎熬和痛苦终于告一段落，我决定和老公开启一场特殊的旅行——去普吉岛，去拥抱阳光、沙滩和大海，去感受生命的活力。

2024年1月23日，我们来到了普吉岛，这是我们每年都要来的地方。我对这里非常熟悉，看到大海的那一刻也非常感慨：熬过黑暗，就可以看到阳光和大海，活着就是胜利，活着真好！

由于我还在吃流食，我自带了菜板、菜刀、榨汁机、蛋白粉，营养素等，杨波更是贴心地为我准备了一个旅途

面见大海，重获新生

中遇到问题时可以急用的小药箱，里面装满了有可能会需要的药品。

我们逛超市，去菜市场，躺在沙滩上晒太阳，坐在马路边的咖啡厅喝咖啡。看着来往的行人，感觉全世界的人都聚集到了这里，各种肤色、各种语言，无须刻意修饰，穿着比基尼也可以走在街头。我穿的是牛仔短裤、背心吊带、人字拖鞋，如此放松自在，咖啡厅里的音乐会让你忍不住随着音乐摇摆起舞，旁边的几个白人女孩儿一边唱一边跳着来到我身边，我情不自禁地和她们一起互动起舞，完全忘记了我是一个身患两种癌症晚期、又刚刚切了舌头的舌癌患者。音乐、阳光、大海、沙滩，还有陪伴自己的爱人……这世界的美好都在眼前！

感恩上天的眷顾，感恩我还活着！以前度假的时候心里总是会想工作、事业、未来，计划……但这次假期，是我最放空自己的时光旅行，没有压力、不必化妆，不会被关注，也不去想工作和未来，只是享受此刻，活在当下！

允许一切发生，不去对抗，而是用积极乐观的心态去

和老公 Fred 的普吉岛之旅

面对和接纳，人生的无常与灾难都是让我来体验的，我遇到了更慈悲、更善良、更平静的自己。

假期结束了，和普吉岛挥手再见！回到北京，我一下飞机就直接去了医院，下个治疗开始了……

在寂静中听见生命之歌

舌尖上的惊雷

2024 年 9 月初，我的左舌开始口腔溃疡。一开始我没当回事，因为自从 5 年前放疗之后，口腔溃疡总是反反复复，我也没有特别在意。直到 10 月底还不见好，反而开始加重，出现一道很深的裂痕。这个时候我开始觉得有点不太对劲了，杨波立马挂了医院的号。

三天后的活检报告像一记重锤砸碎了所有侥幸，诊断书上的"癌变"让那个曾用歌声征服观众的舌头，成了索命的刑具。

　　核磁共振影像显示，肿瘤像毒藤般缠绕着我的舌头，癌细胞已开始向周围组织逃窜。主治医师用触诊棒轻点我的舌面，金属的寒意渗入肌理："肿瘤侵犯范围超过舌体1/3，必须尽快手术。"

　　我盯着诊疗灯在舌苔上投下的阴影，突然想起二十年前在撒哈拉采风时见过的沙漠蜥蜴——此刻我的舌头就像那只被烈日炙烤的爬虫，正在慢慢失去生命力。

失语者的五线谱

　　全麻手术前夜，我在病房用手机录下自己演唱过的单曲《为了爱我的人》的音频。当麻醉面罩扣下时，我最后一次用健全的舌尖抵住上颚，清晰地发出"希望"的卷舌音。再醒来时，下颌至脖颈缠满绷带，引流管里的血水正滴滴答答敲打着寂静。

　　病理报告显示，我切除了近一半的舌体，左侧淋巴结也做了清扫。第一次试图说话时，舌头像团陌生的肉块僵在口腔，唾液不受控地从嘴角溢出。我看见曾经的"金嗓子"正发出婴儿般的呜咽。

那个下午，我蜷缩在房间角落。原来失去语言的人，连哭泣都是无声的悲鸣。

舌战新生

术后第 45 天，为了恢复舌肌力量，我每天含着吸管吹气球 300 次，看着透明球体在晨光中胀大，仿佛看见被癌症摧毁的人生正在重新充盈。

因为我老公不会说中文，而我会说英文却不会写，这在术后对于我们的沟通造成了很大的障碍。心里憋了一肚子的话，想说却说不出的滋味，真的是太难受了！

某个夜晚，我偶然发现用舌根抵住上颚能发出类似大提琴的共鸣音。这一小小的进步让我开心不已。激动的泪水挂满了脸颊。当我终于完整念出老公的名字时，颤抖的唇瓣上，像命运颁发了勇者勋章。

破茧之声

　　手术后第一次公开露面，是在北京卫视的《医者》节目中。《医者》是一部讲述生命与医学故事的纪录片，通过描绘医生与患者之间的互动，展现了医学的奇迹与挑战。片中，患者们面临着生命的危亡与抉择，医生们则以专业与敬业的态度，努力给予患者希望与治疗。一个个真实的故事，展现了医者对生命的敬佑与对医学的执着追求。

　　尽管这个节目找到我的时候，我还没有完全恢复，但是我依然答应了下来。《医者》是以纪录片的形式展现，而且会一直跟拍，第一次拍摄时我还不能说话，需要靠手写文字来表达。第二次拍摄的时候，我总算可以和导演、摄影师沟通了。他们听到我说话的那一瞬间，激动地跳了起来。我用残缺的舌头努力和他们交流着。当晚回去，导演征求我的意见：能不能把今天拍摄的内容——我可以说话了，发布到他们的新媒体账号？我同意了。

　　结果，这条视频在发布出去短短几个小时内，就冲到了热搜榜一！我看到了所有人给我的鼓励，他们真切感受到了我残缺舌头里蓬勃的生命力，正如沙漠旅人懂得仙人掌的储水智慧。

生命留声机

最近复查时，核磁影像显示癌细胞已完全消退。我站在医院走廊的器官解剖图前，望着那个标注"舌"字的粉色肌肉组织，忽然想起古希腊神话中被割舌的菲罗墨拉——她用织锦诉说苦难，而现代医学给了我们更慈悲的叙事方式。

现在我偶尔会回到直播间和关心支持我的朋友们聊聊天。也会关注很多和我一样的癌友们。看到他们都在用力地"活着"，此刻我终于彻悟：癌症夺走的从来不是声音本身，而是我们对生命回声的感知力。当我们在残缺处重新建立与世界的联结，那些消失的味觉、受损的发音，都会化作穿越黑暗的星轨，指引更多迷途者找到自己的光。

拥抱变化，直播开启新篇章

我最不喜欢的就是直播带货！如果不是因为生病，如果没有生存压力，如果还有其他的路可走，我决不会选择直播带货。

2019 年夏天，我在医院化疗——那时的我看不到任何的未来，非常绝望！杨波每天都会来医院陪我。有一天，他对我说："咪姐，你要好好治疗。等你出院了，你可以在抖音上唱歌、发视频，分享你的心得和感悟，不需要上电视台，自己在家里就可以做到，然后自己发布，对你有兴趣的朋友就会关注你，给你留言，与你互动交流。"说完，他帮我下载了抖音，我在病房开始学习、思考自己要如何去做短视频。我突然觉得好像看到了一线生机，一点希望！

出院后，我一边治疗一边练声、练歌，抖音直播需要学习很多歌曲，尤其是当下流行的歌曲。

第一次直播是在我家里，只有我和杨波两个人。我俩都是抖音小白，连开美颜都不懂，可我们就是勇敢，胆儿大！有关直播的一切对我来说都是新鲜的，面对小小的手机屏幕，突然一下子几万人聚在一起，太神奇了！我既好奇又紧张，同时也感动得止不住眼泪！大家都在鼓励我，我被善良和温暖包围着！由于放疗严重损伤了我的口腔，破坏了唾液分泌功能，我要不停地喝水才能唱出来，但能和大家分享音乐，我还是非常开心的。

这次直播后，有一些公司联系我们谈合作——直播带货，谈了几个公司我们最终还是决定自己做，因为我的身体不允许我完全兑现合约上的承诺。就这样，我和杨波从娱乐直播转到带货直播，一边学习、一边犯错，一边直播、一边调整和成长。这是一个全新的领域，太有挑战性了！从舞台到直播间，并非简单的场景转换。面对全新的领域，我也曾迷茫和忐忑。需要学习直播技巧，了解产品知识，更要适应网络时代的快节奏和互动方式。

　　我平时是一个不喜欢讲话的人，但直播要不停地说话才能留住人；我是慢性子，说话也特别慢，但直播的时候必须加快语速，了解每个产品的话术，即使我每天在家练习也还是太难了！没有真正使用过的产品，我就不会讲；我只能分享自己用过并觉得也适合粉丝们的产品，谈自己使用过后的真实感受，所以我的直播间是真实分享型的直播间。

　　做直播带货也要先克服自己的心理压力。每天开播我都无比紧张，不知道会有多少人，会发生什么，会有多少黑粉，会有多少次违规。做娱乐直播的时候直播间会有上

万人，带货直播时直播间兴许只有几百人，心理落差起
起伏伏！由于我不专业，平时说习惯了的词，直播时可能
就不能说，所以我经常"违规"被扣分，直播间被关停等
各种惩罚也都经历过。再加上每天都有黑粉来讽刺我，说
我怎么混到直播带货这么惨的地步！是的，我相信每个在
平台上直播带货的人都和我一样是为了生存。我由一名歌
手到直播带货，从手持话筒到手持产品，这是时代的变迁，
也是现实，我不停地告诉自己要接受现实，必须调整心态
做改变。

　　心态转变的过程是艰难的。主播是让人崩溃的职业，
今天在天堂，明天可能就在地狱，每天都在未知的路上起
起落落，非常煎熬！我们在这样的情况下坚持着，团队也
在逐步壮大。我们在犯错中成长，在煎熬中强大，无数次
想放弃，又无数次鼓起勇气继续战斗，现在已经带着平常
心来面对直播了，我们的坚持也做出了小小的成绩。

我的第三个癌症——舌癌

经历了五年的治疗，三个疗程化疗、25次放疗，血小板从低至2到恢复正常值197，整整用了三年的时间。五年奔波于医院之间，日夜兼程，披星戴月，生死之间的挣扎、绝望、恐惧、痛苦、煎熬……那些无助的日日夜夜，那些在黑暗中寻找光亮的向死而生……终于告一段落！

从临床上来说，如果五年不复发就进入了安全期。漫长而艰难的五年熬过来了，一直在身体里五年的输液管也取了出来，我们无比激动，跳跃欢呼庆祝这来之不易的胜利！然而，两个月后我的口腔溃疡就出现了。由于放疗时口腔严重受损，口腔溃疡不断出现，但大多数都会自愈，所以这次我也没有太在意。后来疼痛加剧，导致吃东西困难，于是去医院做了各种检查。去医院取报告的路上，我还乐观地相信舌头只是炎症，根本没有想更坏的结果。当医生告诉我是舌癌的时候，我像被电击了一样，脑子一片空白，莫名的恐惧令我无法呼吸，想到要再重复一次之前的痛苦……我太绝望了！！！我无法控制地在医生面前痛哭！！！为什么？为什么老天要和我开这样的玩笑，难道给我的考验还不够吗？！

回到家我把自己关在房间，我无法接受切掉舌头。不能再讲话、不能再歌唱的我该怎么活！我是一个歌手啊，我一生为之奋斗的事业就是歌唱！歌唱是我唯一的事业和职业！

不知过了多久，我强迫自己平复了心情，我开始在网上寻找关于舌癌方面的知识和案例。我在给自己做心理建设，痛定思痛，我没有选择，只能接受一切的发生：既然来了就接着吧，逃不过就迎接，没什么大不了，之前两种癌症晚期都被我战胜了，这次我也不能输！

这次的身体全面检查，值得欣慰的是我上次的扁桃体癌没有复发，甚至从片子上几乎看不到痕迹了，恢复得非常好！这次舌癌是原发性的，和之前的癌没有任何关系。如果说有关系，就是放疗的射线引发的，放疗的同时也是致癌的，后来了解到像我这种因为放疗的后遗症患舌癌的案例很多。

医生建议我尽快做手术，感觉一切都太突然，没有时间准备和思考。去住院的那天，我先去了公司，公司的小伙伴们并不知道我又一次患癌的事，我们和往常一样有说有笑，我心里知道这将是我最后一次录唱歌的视频了。

我录了五首歌，那时我的舌头除了痛还有些不好使，我忍痛努力地录完了该唱的歌曲，接下来我想应该录一段和大家告别的视频。我在视频中这样说道："今天录这个视频是要和大家暂时告别一段时间。今年是我抗癌的第五个年头，临床上如果五年不复发就进入了安全期，最近检查我的癌症恢复得非常好！这是一个特别开心的结果。但也有一个不好的消息，我的舌头上长了东西，被确诊为舌癌。天啊，这是我的第三个癌！真的是很难接受，太崩溃了！我需要尽快做手术，切掉半个舌头，我不知道以后还能不能清楚地讲话，唱歌应该不太可能了。今天我也录了几首歌，我会在病房里陆续放给你们听，因为以后我再也不能唱歌给你们了。人的一生到底要经历多少磨难才是尽头？太多的意外防不胜防，既然来了就接着，就面对！大家不要为我担心，我会一如既往地坚强勇敢，希望我能尽快回来，你们要等我。爱你们！"

录完这段视频，我没有来得及卸妆就匆匆赶去医院住院了。手术被安排在第二天一早的第一台，那天晚上我躺在病床上无法入睡，心情很复杂。不知道手术后会是怎样？夜太漫长，但又害怕天亮！一大清早，老公、杨波和梁薇都赶来了，老公单独和我在房间的沙发坐下，他流着眼泪，握着我的手说："不要怕，我一直在你身边。害怕的时候，你就看看自己的前后左右，我都在。你是世界上最了不起的女人！你不是一个人，我们都和你在一起，在你身后，在你左右。"

进手术室前，我和杨波、老公、梁薇拥抱告别，他们都哭了……

我到了手术室全身发抖，感觉像进入了冰洞一样，非常非常地冷！我不停地深呼吸，甚至可以听到自己的心跳，我无比地紧张和恐惧！周炼医生来到我身边，我像无助的小孩紧紧抓住他的手，他给了我一番安慰，让我的心平静下来，但我冰冷的身体还是在颤抖……

我做了切舌和淋巴清扫，手术用了 6 个小时，迷迷糊糊中我听见有人在叫我的名字，然后我看见了老公、杨波和梁薇，那一刻我觉得如释重负，我又闯过了一关！

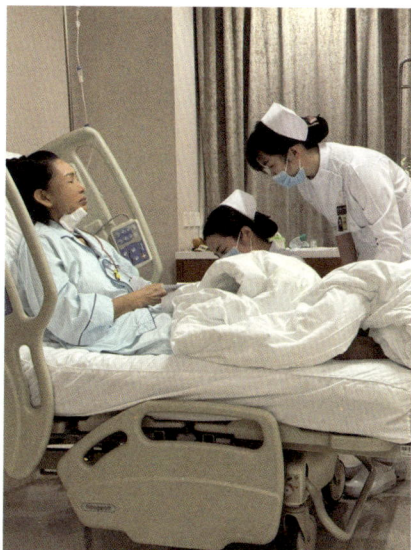
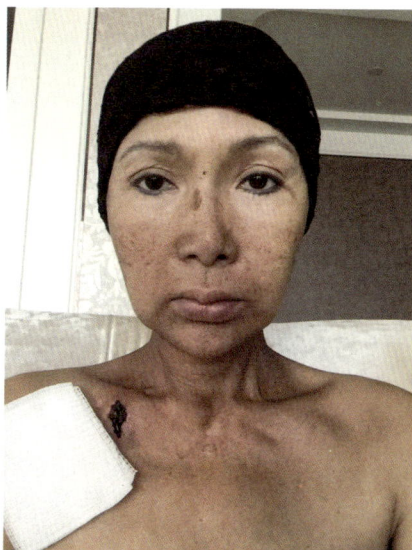

之前两种癌症晚期都被我战胜了，这次我也不能输！

我觉得我最大的能力就是总能在绝望中找到希望，我宁愿在希望中幻想，也不愿在绝望中消亡。我在纸上写了很多未来可以做的事情，我依然有梦想，梦想着自己能成为更有价值的人，并用自己的经历去告诉那些在黑暗中挣扎的人们：只要你不放弃，就可以涅槃重生！我相信我是天选之人，老天一次又一次地给我考验，一定是要赋予我使命。我虽然不能讲话，却有无限的斗志在心中燃烧！

我在病房里看着粉丝的留言，每一句都充满了爱的气息，我感到自己是如此幸运！我被爱和感动温暖着，鼓励着！我突然觉得生病也是一种幸福！我的朋友们听说我又得了舌癌还切了舌头都非常震惊，很多人都哭了，而且哭得稀里哗啦。这次生病我感受到了满满的爱与关怀，手机微信里90%的朋友都真诚地送来了祝福和鼓励。这个世界是有温度的，这辈子能拥有这么多的爱，我值了！

得了癌症，手术只是第一步，接下来就是要放化疗。由于上次放化疗给我带来的伤害太大，这次肯定不能再做放化疗，于是我和杨波做了大量功课，了解目前最先进的治疗技术和方法，杨波甚至加入了十几个舌癌医患群去了解情况。我们听从了多位专家医生的建议，最后决定做免疫治疗，目前已经开始了，感觉很好。

舌头的缺失，还需要时间慢慢适应。我现在每天在家里练习吃东西，练习说话，这些对常人而言自然具备的能力，我要重新开始练习。我相信我会再次创造奇迹！虽然前路未知，但我信心满满，癌症不是生命的终点，而是重生的起点。每一次治疗，都是对生命的坚持与尊重。一切苦难都会过去，光明的未来就在不远处！我允许肿瘤长在我的身体，但绝不允许他占据我的心灵！为我加油吧，朋友们！

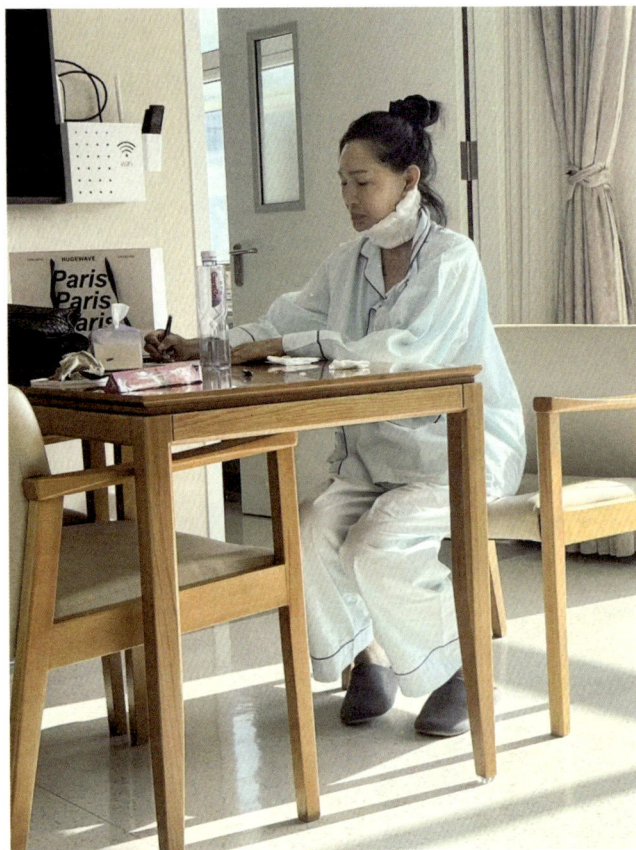

癌症不是生命的终点，而是重生的起点

生命中的两个男人

　　和我没有血缘关系的两个男人，无论是在我的事业低谷，还是抗癌之路，他们都不离不弃地陪伴我前行！

　　杨波，从我的助理到经纪人，相遇扶持十二载。当初的他还是一个懵懂少年，就这样陪伴我度过了事业低谷。在他的努力下，我实现了开办个人演唱会的梦想，进入到无数个音乐盛典、时尚杂志和 T 台秀场。

2018 年 11 月开始，他陪我一起走上了抗癌之路。六个春夏秋冬，没有一天缺席！他为我跑遍了医院的每个角落，每个楼层，为我求医、问医、学医……他一直鼓励我，让我看到活下去的希望！我是如此幸运，遇见如此善良的你。今后的路未知而艰难，但有善良和温暖相伴，我将无畏险阻。感恩遇见！

关于婚姻，我的感情经历并不像人们想象中的那么丰富，我天生就不是"恋爱脑"，我全部的精力都放在了学习和事业上。特别年轻的时候，我稀里糊涂地经历了一次失败的婚姻。由于我的外表比较西化，舞台造型和杂志大片上的形象风格比较奔放，这些都是本职工作的专业呈现，但可能会让人产生错觉。我骨子里是非常传统的，对感情很忠诚，这是小时候妈妈给的教育。

在遇到 Fred 先生之前，我单身了很多年。中国男人都觉得我没有安全感，反正也没有人喜欢我或追求我，直到 2010 年遇到 Fred，我们开始了异地恋。他在温哥华，

多少音乐盛典、时尚杂志、T台秀场的背后，
都少不了杨波的陪伴和支持

我在北京，没有人相信异地恋，但我们在相恋七年半之后结婚了，现在已经在一起十五年了。十五年里我们一直彼此信任，没有怀疑，我们俩都是忠于爱情、三观比较传统类型的人。我认识 Fred 的时候，他有一个女儿和一个儿子，都很小，有人说后妈不好当，但爱可以改变一切，我很骄傲成为他们的朋友和母亲！

爱的给予是相互的。在我们认识不到两年的时候，Fred 因为工作意外受伤，腰部做了手术，如果手术不成功的话可能会瘫痪。我陪伴他在温哥华做了手术，并全程参与了他的康复训练治疗，担任他的司机、护士、厨师。他坐着轮椅，我就推着他看风景，有时也要照顾孩子，直到他完全康复，我才回到北京。

当我被确诊为癌症晚期时，Fred 决定离开他的国家和亲朋好友来到北京，与我一起踏上了抗癌之旅。治疗期间没有一天缺席，他是我的司机、心理健康导师、营养师……无论多晚或者多早，他都没有一句怨言。如果没有他的照顾、陪伴和鼓励，我活不过来！

感恩抗癌岁月里的陪伴

在这场与命运的较量中，

每一天都如翻越险峻山峰，

孤独、痛楚、迷茫如影随形，

但你们的陪伴，成了最坚实的依靠。

你没有被我的脆弱吓退，

也没有因漫长的黑夜失去耐心，

而是用微笑告诉我，

希望从未远离，只要我敢相信。

每一次化疗后的虚弱，

每一个难眠的长夜，

是你们陪伴左右，

让我知道，我不是一个人在战斗。

这一份陪伴，如暖阳照进寒冬，

让我在无尽的疼痛中，

依然能找到力量，

依然有勇气去迎接新的明天。

感恩生命中的你，

是你的不离不弃，

让我明白爱与希望的分量，

让我在抗癌岁月里，依然看见生命的光芒。

从癌症患者到生命的勇士

我赢了！我又活了过来！所有的困难都将成为我的助力，胜利就在当下。

距我 2024 年 11 月 13 日做舌癌手术至今已经快两个月了，昨天我问老公当时从手术室出来时我是什么样子？他告诉我，当时我还是昏迷状态，身上插了几个管子，脖子上包着大块纱布，嘴里塞满了带有血迹的纱布，画面惨不忍睹！听杨波说，我老公当时哭得像个孩子。

人的自愈能力实在太强大了，在这 40 天里，我的心是平静的，五年三种癌光临我的生命，我对死亡已经不再恐惧，我可以直面一切发生，积极乐观的人生态度是治愈一切的良药……我发现我有一种能力，总是能在走投无路的时候给自己的绝望找到借口，不认命的借口。比如这次术后第二天，我在纸上和杨波交流时写道："我不能讲话，但是没关系，我一定可以找到另一种方式交流，也许是更有意义的大门在等待我去开启，我的全身充满了能量和斗志！"

我现在已经能说话了，虽然有些字还不能清楚地发音，但可以沟通交流了，也能吃一些软的食物了。这段时间我每天都会坚持一些运动，锻炼身体，学习如何吃得更健康，身体也在自己的照顾下平稳恢复——体重已经恢复至住院前的重量，免疫治疗也没有出现任何副作用和不适症状，感觉奇迹渐渐开始呈现了。最意外的是，我没想到自己这么快就能说话了！

营养均衡的饮食是我每天必做的功课，因为饮食也可以治愈我们的身体问题。人们都说癌细胞最喜欢吃糖，糖是癌细胞生长的养分，因此我们一定要控糖。所有含白砂糖的食物、饮料和调味品，我都不吃了。不过，我特别喜欢吃杧果，一直困惑果蔬里的糖到底能不能吃？关于杧果，我查了很多资料，最近在美国癌症中心的一篇文章值得分享，翻译如下：

　　杧果中的糖是天然糖，通常被认为比加工食品中的添加糖对癌症患者更好。
　　杧果还含有有益的营养成分，如维生素、抗氧化剂和纤维，有助于癌症的治疗和恢复。
　　癌症患者可以吃杧果。杧果是一种天然食品，含有有助于癌症治疗和恢复的营养成分。

　　为什么杧果对癌症患者有好处：

·杜果苷：杜果中的一种抗癌化合物，可以减少炎症并抑制癌细胞的扩散。

·果胶：杜果中的一种可溶性纤维，可能有助于预防前列腺癌。

·多酚：杜果中的天然物质，可能对乳腺癌具有化疗潜力。

·抗氧化剂：杜果含有抗氧化剂，有助于癌症治疗和恢复。

如何食用杜果：

如果吞咽困难，您可以尝试食用果泥或奶昔。

您还可以尝试食用杜果皮和种子，它们含有可能具有抗癌作用的酚类和黄酮类化合物。

其他对癌症患者有益的食物：

豌豆、西红柿、燕麦、意大利面、梨、橙子、香蕉、猕猴桃、桃子和草莓。

最能增强免疫力的食物：

南瓜、土豆、红萝卜、玉米、莲藕、山药，蒸制食用。

有人说，有大成就的人，都要经历大的磨难。我会继续加油，努力成为一个有价值、有成就的人，不枉来人间一遭。

致正在抗癌的勇士们

　　亲爱的朋友，当你看到这些文字时，请记住：你并不孤单。在这条充满挑战的抗癌之路上，有无数人与你并肩同行。你的每一次坚持，都是对生命最有力的诠释。

　　请相信，现代医学的进步正在创造奇迹。每一天，都有新的治疗方案问世，都有患者重获健康。你的坚持治疗，就是在为自己创造更多可能。那些看似艰难的治疗过程，正是通向康复的必经之路。

你的勇气已经感染了身边的人。家人因你的坚强而充满力量，朋友为你的乐观而备受鼓舞，医护人员为你的配合而倍感欣慰。你的存在本身，就是一种鼓舞人心的力量。

在这段特殊的旅程中，请善待自己。允许自己有脆弱的时刻，但不要忘记内心的坚韧。每一个清晨醒来，都是新的希望；每一次积极配合治疗，都是对生命的礼赞。

记住，癌症只是生命长河中的一段经历，它不能定义你是谁。你依然是那个独一无二的自己，有着自己的梦想、热爱和价值。这场经历终将成为你人生故事中浓墨重彩的一笔，见证你的勇气与成长。

让我们携手前行，用希望照亮前路。你正在书写的，不仅是一个抗癌故事，更是一个关于勇气、爱与希望的传奇。坚持下去，美好的明天正在等待着你。你是生命的勇士，我们一起加油！

CHAPTER 02

至 暗 时 刻

一张照片　一段纪念／一场经历像一部电影／一边回忆 一边

继续／是否还能再回到从前／漫长的夜 无尽的煎熬／未知的明天

有你在身边／你的拥抱 你的画面／在房间放映 一遍一遍

　　　　　　——为了爱我的人（杨波、张咪词／张咪曲）

被误诊了 8 个月

　　2018 年 8 月，我陪老公 Fred 竞选温哥华市长一职，那是一段全新的经历。发传单，陪老公到处演讲，拉选票，马路举牌，出席各种活动等。在那段时间里，我发现自己开始张口受限，到了 9 月份的时候，我已经无法进食，只能喝果汁，吃流食。看了几位医生，拍了核磁，医生说是颌面肌肉问题，建议我做针灸、理疗治疗。我在温哥华尝试了各种治疗方式，针灸、理疗等，却仍然没有任何好转，反而越来越严重，耳部经常间断性地作响，脸部也越来越肿。

10月30日，我返回北京，开始了三个多月的针灸理疗。三个月过去了，但是我的病情始终不见好转，我张不开口的症状没有得到任何缓解和改善。

2019年3月，我的右侧脸肿得像半个西瓜，呼吸困难，几乎失去了讲话的能力，体重由117斤下降到90斤。尽管我大量地吃止疼药，夜里依然无法入睡，疼痛难忍。最可怕的是我的呼吸越来越困难，每天晚上要找到一个相对能呼吸的姿势，然后不动，也不敢闭眼，因为担心睡着了就会没有了呼吸，人就会真的过去了。一天一天，就这样煎熬着、迷茫着、被疼痛折磨着……

直到4月10号，我又挂了协和医院口腔科周炼医生的号，他认真检查了我的脸部和颈部，当时就怀疑我是长了肿瘤，随后周医生给我做了进一步检查，安排我拍了增强核磁和 CT 以及其他一系列的检查。接下来就是回家等待结果……

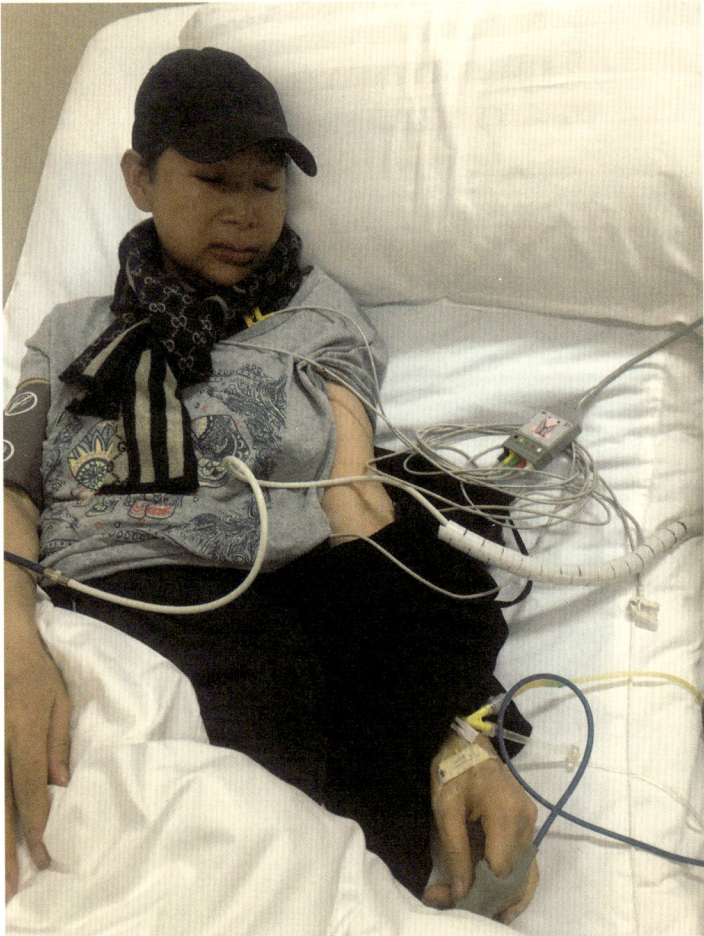

急诊病房里的我

我 的 天 阴 了

2019 年 4 月 12 号，这是我永远不会忘记的一天，对于我来说，也是意外致命的一天，从那一天起，我的生活彻底改变了。

12 号上午，杨波去北京协和医院西院国际医疗部拿诊断报告，当他拿到诊断报告后，顿时瘫坐在了椅子上——

诊断报告证实了医生先前的怀疑，我的口咽部长了肿瘤，颈部淋巴结已经有转移了，肿瘤侵蚀了多个组织，脸部右侧下颌骨以及舌头都被侵蚀。这意外的结果让杨波一下子蒙了，他看着医生复杂的表情问道：很严重吗？医生无奈地说：很严重……但还是需要做进一步的检查才能证实是什么性质的肿瘤。其实，这个时候医生的心里往往已经非常明确地肯定了，只是在没有特别确切的病理报告时，是不会把话说得很满的，会说一半留一半。

从医院到我家杨波一路痛哭，在楼下平静了很久才上楼。

我打开门看到他的眼睛红红的，虽然他很平静，但那一刻我还是有种很强烈的不祥预感，我并没有马上询问医院的确诊结果，而是坐下来聊了些别的（那个时候我整个人都是很恍惚的，现在也记不起当时具体聊了些什么），我那时的心情很复杂，很害怕知道结果，但绝对没有想到会是癌症。总还是要言归正传，我问他去医院拿到结果了吗？杨波点了点头。我又问：是不是结果不太好？他又点了点头。我还开玩笑地说：不会是癌症吧？他再也控制不住自己的情绪，哭了起来……

　　天啊！当时我真的崩溃了，我和老公抱在一起痛哭，我不停地说：I'm sorry……不记得我们哭了多久，没有语言，只是默默地哭着。那一刻我觉得死神离我如此近，也许我将要和我的爱人告别，即将要和这个世界告别！

　　我被这个意外瞬间击垮，我感到无比地委屈和绝望！

确诊癌症晚期

活检手术安排在了 2019 年 4 月 17 号的下午 1 点。早上 8 点，弟弟、哥哥、杨波都来到了我的病房，每一个人都微笑着和我打招呼，我知道他们都是怕我紧张而故作轻松。我为了不让他们担心，也努力配合着。过了一会儿，护士过来通知说大概 11 点左右手术室的人会过来接，让我提前做好准备。我起来洗了脸洗了头，还给自己夹了头发，一切准备就绪，等待着手术室的通知……

　　我进了手术室后，在病房等待的家人都很紧张和不安，因为当时我的气管已被肿瘤压迫得很严重，导致呼吸困难，手术前医生再次建议我在手术的时候气管插管，以保证在麻醉状态下手术的安全。但是当我了解清楚假如气管插管后，就意味着有相当长一段时间不能讲话后，我强烈反对气管插管，我不知道当时的我为什么会如此坚决地选择冒险，现在想想，可能是因为那时的我感觉到自己的情况不太乐观，也许时间不多了，不想再承受更多的痛苦吧！

　　手术很顺利，医生在我的右侧颈部取出一块活体组织拿去做病理检查。两个小时后，我被推出了手术室，家人总算松了一口气。活检手术后的第二天，我便出院回家等待结果。

　　等待的过程是最煎熬的，也是最无奈的，我们望穿秋水地期盼着、等待着，可是又害怕结果的到来，让我们内心的希望直接变成绝望。就在这种矛盾中，我们不断挣扎着！那几天的我像是在等待最后的宣判，独自坐在钢琴旁，看着钢琴上未完成的歌谱，使出浑身解数也张不开嘴，泪流满面……

一个星期后我拿到了病理报告，该来的还是来了——口咽癌晚期，分化差的癌！当得知这个结果后，我整个人都崩溃了！在这之前，也许我还抱有一丝希望，而当我拿到结果后，我在心里已经给自己判了死刑，感觉就像有一支手枪顶在了脑门，随时都会扣动扳机！我感觉自己那么无助，即使满屋子的人却依然感到孤独，内心被痛苦占据着……我怨老天为何待我如此不公！为什么这件事会发生在我的身上？我心里唯一的奢望，就是希望上天可以再多给我一些时间，来完成还未完成的事！

在入院治疗的前一天，我把家里彻彻底底地收拾了一遍，每一个角落都不放过！心里想着也许这是最后一次了吧！我轻轻地抚摸屋里的每一个摆件，抚摸着衣帽间里一

我亲自设计装扮的家

排排自己最喜欢的演出服，我看着自己亲自设计装扮的家，仿佛是在做最后的告别……

人生没有什么比对抗死亡更艰难的事情了，但只要你坚定地相信自己可以战胜病魔，并对自己说：有那么多人都能重新活过来？为什么我不能？我能！我可以！我够勇敢！我够坚强！我相信奇迹！

让我来创造奇迹！

直面死亡

　　被确诊为癌症晚期以后，我心里知道我在这个世界的时间不多了，想到亲人、朋友以及一辈子为之奋斗的事业，心中有千千万万的不舍。那些天我是怎样度过的，现在真的有些回忆不起来了，那时我的灵魂似乎已经不在我的体内，整个人都处在恍惚游离的状态中。

最不忍心看到老公脸上的泪水，他一直是个特别阳光乐观的人，好像在他的世界里永远不会有烦恼，而那段时间他却总是流泪。我们结婚刚刚两年，他为了我放弃了自己的国家、自己的工作和朋友，来到北京刚刚一年多，我就给他带来这么大的伤痛！我满心愧疚！

　　我问老公："如果我死了，你回英国还是加拿大？"

　　他说："我会留在北京。"过了一会儿他又说："如果你不在了，我也没有了未来，我和你一起走吧！"我们相拥而泣，仿佛此时就是生死离别！

　　我的肿瘤发展得很快，夜夜疼得无法入睡，张不开嘴，呼吸困难。有一天，老公问我："假如有一天你昏迷了，需要我怎么做？"我说道："如果我昏迷了，请不要再给我做任何治疗，不要给我插管子，让我走……"我不要那样毫无意义地活着，更不愿意让大家因为我而受折磨。

　　那天我走进自己的衣帽间，看着我的那些漂亮的鞋子和一件件演出服，我翻看着，回忆着我穿着这些衣服在每个舞台上演出的情景。我找出了几件衣服试穿给老公看，我希望他帮我选一件我离开时穿的衣服。老公一直在哭……最后我选了一件新买的还没来得及穿的红色长裙和一双红色的高跟鞋，红色一直是我的最爱。我和老公讲了关于我的葬礼的想法，交代了用哪张照片，用哪首歌作葬礼的背景音乐，列了一张我想告别的朋友的名单……

原来死亡是这么简单，一生的追求、梦想、奋斗、名利和财富，我能带走的，就是一条裙子和一双高跟鞋……

手术即面临毁容

得知消息的第二天，我的哥哥、弟弟从不同的城市赶到了北京，一家人陷入伤痛之中……

我的情况越来越差，肿瘤长得飞快，气管已经被肿瘤占据了大部分，呼吸也越来越困难，随时都有生命危险，医生建议我立即接受气管插管以保证呼吸。但如果插管的话，就意味着我要有很长时间都不能讲话，没有人知道需要插多长时间，也许直到死亡的那一刻仍然插着管子。我拒绝了这个手术，因为我觉得既然我已经快死了，就不想再遭受这样的痛苦了。

由于我的肿瘤长得太大，已经不具备手术条件了，只能先尝试通过放化疗把肿瘤控制住，看看肿瘤是否能缩小，再考虑下一步手术。

最让我难以接受的是，如果手术的话，我将面临右半边脸以及下颌骨都得切除，舌头也得切除，总之，被癌细胞侵蚀的地方都要切除掉。这意味着手术后我的半张脸都没有了，舌头没有了，上下牙齿没有了，不能吃东西，不能讲话，更不能唱歌。天啊！我是一个歌手啊！这样的结果无论如何我都是无法接受的。但是家人一直劝我：只要有一线生机，就要积极治疗。对于别人来说，这是一个多项选择题，但是对于我来说，就只有唯一的选择——假如后半生让我没有质量地活着，我宁愿选择有尊严地死！

其实，很多癌症晚期的患者都会面临同样的选择：是安静地离开，尽量少受一些痛苦，还是继续选择手术治疗。面对这样的选择，每个人考虑的角度都是不一样的，但无论哪种选择，都无法用对错来衡量。

周炼医生说，我这种情况赶时间就是在救命，在他的帮助下，我先后做了 CT、核磁、PET-CT、喉镜、活检手术、输液港安装手术等。经过专家会诊制定治疗方案，4 月 30 号，我终于住进了协和医院肿瘤内科病房，开始了真正的治疗。

等 待 的 煎 熬

被确诊为癌症晚期后，还有最重要的一项检查，就是要看看癌细胞是不是转移到了其他脏器，需要做一个全身的 PET-CT 检查。周炼医生很快帮我安排了检查，接下来就是耐心等待结果……

等待的日子，每一天都很漫长，全家人都在等待中煎熬。那段时间，我能感受到每个人都忐忑不安，看着家人的神情，我真的很难过，并不是为我自己难过，而是因为我的原因，带给了他们这么多的伤痛，他们放弃自己的工作、自己的生活，来到北京，每天陪在我身边，我真的很怕他们失望。都说等待就意味着希望，那时的我真的特别渴望上天给我们一个幸福的结果。

一周后，终于等到了取结果的日子，那天，杨波、哥哥、弟弟他们三个人一起去医院拿报告，拿到报告后，他们三个人迫不及待地在医院走廊里一页一页地翻看着。当得知我的肿瘤并没有扩散到全身，只是颈部淋巴结转移时，他们三个大男人抱头痛哭，弟弟哭得瘫坐在地上，这些天的煎熬和恐惧，终于在那一天让我们看到了一线生的希望！大家把各种情绪都尽情地释放了出来。

活检手术对于我的家人和杨波来说也是一次煎熬的等待。因为当时我的呼吸困难，为了安全起见医生建议我还是要气管插管，因为在麻醉的状态下，手术过程中一旦呼吸困难出现问题，可能连抢救的机会都没有了，但是我坚持不插管，大家都担心我在手术时会发生什么意外。我不能平躺，如果平躺就无法呼吸，手术时我需要将头垫高，侧身才能呼吸。虽然手术只用了两个小时，但手术室外的他们却焦急万分，度日如年。好在手术顺利，他们终于松了一口气。

　　等待的滋味是痛苦的，那是一种身心的折磨煎熬，更是一种无奈的选择！

　　坚持下去，并不是我们够坚强，而是我们真的别无选择。

化疗的"苦"

　　终于等到了化疗的这一天。在过去被误诊的8个月里，我全身被扎了几千针不止，每时每刻都在疼痛中煎熬。负责为我做化疗的贾宁医生召集我们全家开了会，向大家说明了针对我的病情和身体状况制定的方案，并详细地解释了药物的副作用会对身体带来哪些伤害，对靶向治疗以及其他药物的作用都分别做了解释。听了医生的方案，我心里一下子开朗了很多，只要完全安心地相信医生就可以了。

2019年4月30号，我人生中第一次住在医院的病房里。那天我起得很早，打开窗帘，天空蔚蓝，阳光灿烂，我心里有种莫名的小激动。口腔外科的周炼大夫8点钟就来看我了，大家都期待着我真正开始治疗的这一天。

我由于吃了8个多月的流食，体重下降了18斤，这样虚弱的身体状况面对化疗是极大的挑战，我必须快速补充营养，增加体能，才能应对接下来几个疗程的化疗。可我无法进食，不能张嘴，就连小的药片都塞不进嘴里，所有的药物必须弄成粉状才能与水一起冲服下去。喝营养粉、输营养液是唯一的选择。

化疗是否能控制住肿瘤，答案其实是未知的。虽然我不断地在调整自己的心态，但对于化疗将会带来怎样的结果，心里依然充满了疑惑和恐惧。我内心的求生欲望很强，因为我没有别的选择，在死亡面前可以痛苦地以泪洗面，

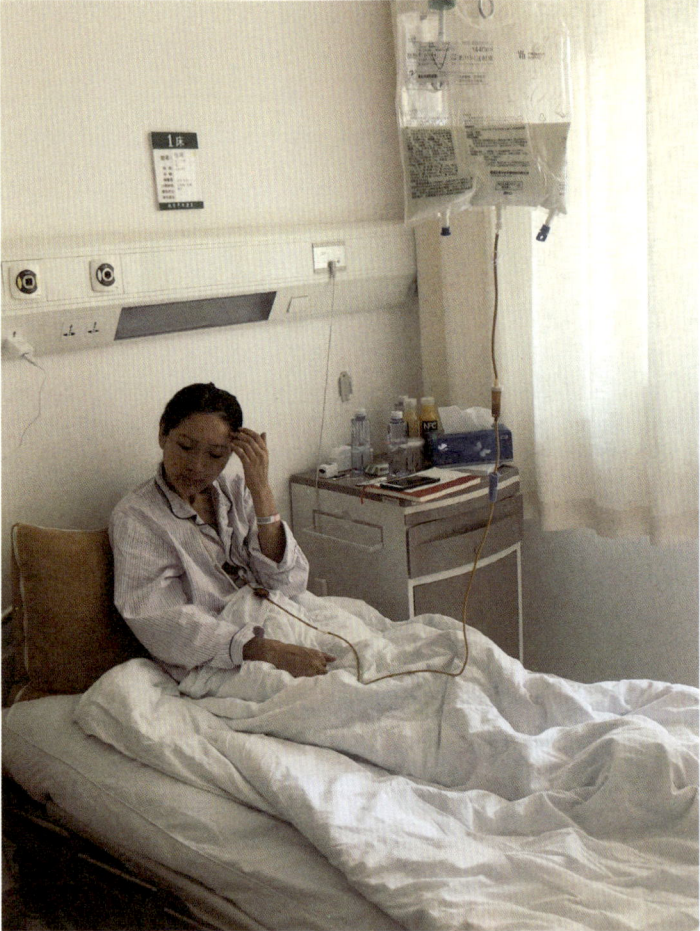

化疗期间，输营养液成了我"吃饭"的方式

也可以开心勇敢地度过每一天,而我选择了后者,因为我深知,只有不放弃、不认输,命运才有可能被改变。

周炼医生对我说:一个医生除了给病人药物的治疗,还有一个很重要的治疗是医心,就是给病人进行心理治疗。他让我相信奇迹。所谓奇迹,就是一般人认为不可能的事,其实没有什么不可能的,全在于你怎么想——把这个过程当成游戏关卡,人的世界本来就可能是虚拟的,只有真正醒来的时候才会恍然大悟!医生的鼓励对于我来说至关重要,每一句鼓励都是我坚持下去的动力。周炼医生对我说:让我们一起来创造奇迹!

护士推着各种各样的药来了,在化疗用药之前,先给我打了一些保护肠胃的药、止吐药、增强免疫力的药、防过敏的药等,采取让身体损伤降到最低的各种保护措施。贾宁医生根据我的身体状况,把一次的药量分成了五次,分五天打完,尽量减少化疗的不良反应。尽管如此,两个星期后我还是出现了化疗的副作用,头晕、呕吐、无力,整天昏昏沉沉。闻着饭菜味道就想吐，根本不能动，就像脚踩在棉花上一样，满嘴都充斥着一种奇怪的金属味道，痛苦不堪。而与此同时，值得欣慰的是，化疗两周后我的脸开始消肿了，这让医生和我的家人都非常开心，这说明化疗开始起作用了。我在黑暗里仿佛看到了一线希望，这一线希望给了我信念——我要活下去，我要坚持！

我的身体每天都会发生一些新的变化，心情也会随之起起伏伏。由于我的肿瘤侵蚀面积很大，导致我的听力下降，耳朵每天间断性地像堵住了一样，可以听到自己的呼吸被放大到十倍以上的音量，这种感觉很难用语言形容，特别折磨人。此外，由于无法进食，我一直靠输营养液维持身体的基本需求，每天从早输到晚，我只能躺在床上或坐在床上，一个月过后发现屁股都已经坐出了茧子。

我是一个胆子很小的人，夜里的病房异常安静，其他病房出现的问题也听得非常清楚。肿瘤内科住的都是癌症病人，夜里经常会有各种各样的情况发生，每当这个时候，我就会感到强烈的恐惧，担心下一个可能就是自己！

　　我的疼痛从未停止过，就算吃了安眠药和止痛药也很难入睡。每个夜晚对我来说都是无尽的煎熬，孤独、无助、恐惧、绝望，各种情绪在夜里都会出现：一个坚强的我，一个脆弱的我；一个要坚持的我，一个要放弃的我。我被撕裂成两半，我的心很痛、很痛，痛过肿瘤给我的痛。未知的明天会将我带到哪里？我像一个找不到家的孩子，在黑暗中无助地哭泣。一夜又一夜，一天又一天，时间如此漫长和煎熬。

　　掉发，是每一个接受化疗的癌症病人都要面对的，虽然早已有心理准备，但当我的头发一把一把地掉，镜子里的我变成一个面目全非的样子时，我还是忍不住号啕大哭！头发是我的最爱，是我的标志，我精心地爱护它们、护理它们，而现在一切都改变了，好像一切美丽的东西都不再与我有关，手指甲、脚指甲也都变成了黑色，就像我的心情，一片黑暗……

　　有时我会在走廊里走走，看看其他病房的病友，他们大部分都是从外地来治病的，有的要奔波两三天才能到北京，然后在医院附近的小旅馆住下，等待住院通知。大多数病友的脸上都写着痛苦和绝望，每个人的背后都有一段艰辛的故事，我觉得自己和他们相比实在是如此幸运——至少我家在北京，住着单独的病房，有这么专业的医生和医护人员照顾，还有多少像我一样癌症晚期的病人条件不如我好，还有多少人接受不了这个现实而放弃治疗！那一瞬间，好像有一种使命唤醒了我，我心痛地哭了，这一次不是为我自己而哭，而是慈悲的泪水，是感同身受为和我一样在病痛中挣扎的癌症病友们流下的泪水，我觉得有一种力量注入了我的体内，我对自己说：接受所有现实，我要为更多的生命好好地活一次，我要成为所有癌症患者的希望！

当头发落尽的那一天，就是重新生长的第一天。落发重生，告别过去，开始新的人生！也许我的生命剩下的时间有限，但也要活得精彩。无论何时何地，请让心中那盏善良的明灯一直亮着，这是化解任何苦痛和困难最好的良药。

　　今天是第二次化疗的第三天，早晨起来一直流鼻涕，心里也有点担心，默默祈祷千万别感冒。我的耳朵偶尔做响，每时持续十几分钟，加加半小时左右，今天约了耳鼻喉专家为我检查。每项检查对我都是新的体验，新的经历……我的耳膜、耳管都是正常的，出现这种情况有可能是化疗药物的影响。化疗真是对身体有着很大的伤害！我感到全身无力、疲惫、头晕，一病房的走廊不停传来病友的呕吐声音。妈由于已经9个多日不能张嘴吃东西，一直吃流食，身体非常虚弱，医生根据我的病情和身体状况做了科学的。我身体能够承受的化疗方案，使我身体 ~~可能~~ 损伤降到最低。

　　爸爸今天陪了我一天，和了很多小时候家里的故事。爸爸是一位非常慈祥、勤劳、伟大的爸爸，

化疗期间我写下的日记

痛不欲生的放疗

三个多疗程的化疗终于坚持下来，我已经基本恢复了讲话能力。我无比开心，觉得自己已经闯过了最难的一关，接下来就是33次的同步放化疗了。化疗期间需要一直住院，我在医院已经住了三个多月。放疗就不需要住院了，只是周一到周五上午去放疗就可以了。

出院那天回家的路上，北京的天空很蓝，阳光特别好，感觉路也特别宽，树很绿，我好像第一次看见这样美丽的景色一样，泪水止不住地流，我真的不知该如何感恩上天，我还活着！活着真好！

那天回到家，哥哥和弟弟已经包好了饺子等我。推开家门，我回家了，我回来了！心里好感恩，好感动！

抗癌的过程，就是一场持久战，你要不断接受各种检查、排队、等待、人挤人等。人只要生了病，不管你是明星还是有怎样的社会地位，在疾病面前你什么都不是，只是一个病人，和所有的病人一样。

从周一到周五，我和老公每天早上 6 点起床，7 点从家出发。由于我住的地方距离医院比较远，早上又是高峰期，有时开车需要两个多小时才能到，每天来回老公要开4 个小时的车，天天这么折腾，回到家已经筋疲力尽了。每次杨波都是提前到医院拿号排队，我到了医院不用等太久就可以抽血化验。放疗每个星期都需要做血常规和肝肾检查，然后再到放射科排队等待放疗，放疗需要的时间并不长，大约 5 分钟就完事了。

以前，我一直认为化疗是最痛苦的，也听说有很多病人受不了化疗的折磨而放弃治疗，现在才知道，对于我这种口咽部放疗的情况来说，放疗的痛苦远比化疗痛百倍！放疗的前两周没有太大的反应，到了第三周，各种反应都来了：我的嘴里不停地流口水，到了晚上无法睡觉；我的脸和脖子像被太阳晒伤了一样，越来越黑，长满了红色的斑点；我的嘴唇肿得像两个香肠，更可怕的是我的口腔里全是溃疡，像刷了白漆一样，没有一块好地方，就连喝水都像被刀子割、像在伤口上撒盐一样疼痛难忍！喝水对于我来说是最痛苦的事情，每次喝水之前都要先喝麻药，趁着麻药劲才能勉强喝下去。那种痛真让人刻骨铭心。

由于放化疗的影响，我的血小板也持续下降到了 26，白细胞也低，只能暂停同时进行的放化疗计划。

我在医院楼下晒太阳。温暖的阳光，总能带给我对生的渴望

40 多天没能进食，三个月没有刷牙，8 个星期没有洗脸，眼睛以下到脖子的皮全部脱落，脸肿得像面包，头发几乎掉光了，就连睫毛、鼻毛、身体的汗毛都掉光了，面目全非，舌头僵硬到完全不好使，我又一次失去了讲话的能力。

我已经完全认不出镜子里的自己！我哭着对老公说：让我死吧！我不治了，实在太痛苦了！死亡只是一瞬间，可疼痛却如同凌迟一样，我不怕死，但我真的受不了疼痛。无数个夜晚，眼泪陪我到天亮。

然而当新的一天开始，看着窗外的景色，看到老公忧伤的眼神，当我再次感受到阳光照在身上的温度时，我又一次被感动，我默默地对自己说：一定要坚持下去，从死到生，是要付出代价的！我相信，只要坚持就会有结果，那时所有的眼泪、痛苦、煎熬和忍耐都是值得的，上天让我经历苦难，是让我在苦难中学习勇敢和坚强，让我重新思考生命的意义，并找到爱的方向！

　　一次次的苦痛，如果换来的是对人生的失望，对苦痛的恐惧，那就是惩罚；

　　如果换来的是对宇宙人生的通达，对善知善行的觉醒，那就是历练！

调皮的血小板

很多癌症病友可能都会面临血小板低的问题，在经过放化疗之后，我的血小板低到了个位数，导致双腿都是密密麻麻的出血点，要靠输血小板维持。每次去化验血常规心里都很紧张，担心血小板继续下降，结果每次拿到化验结果之后都是失望至极。

血小板低下需要时刻注意磕碰，因为有可能一个不小

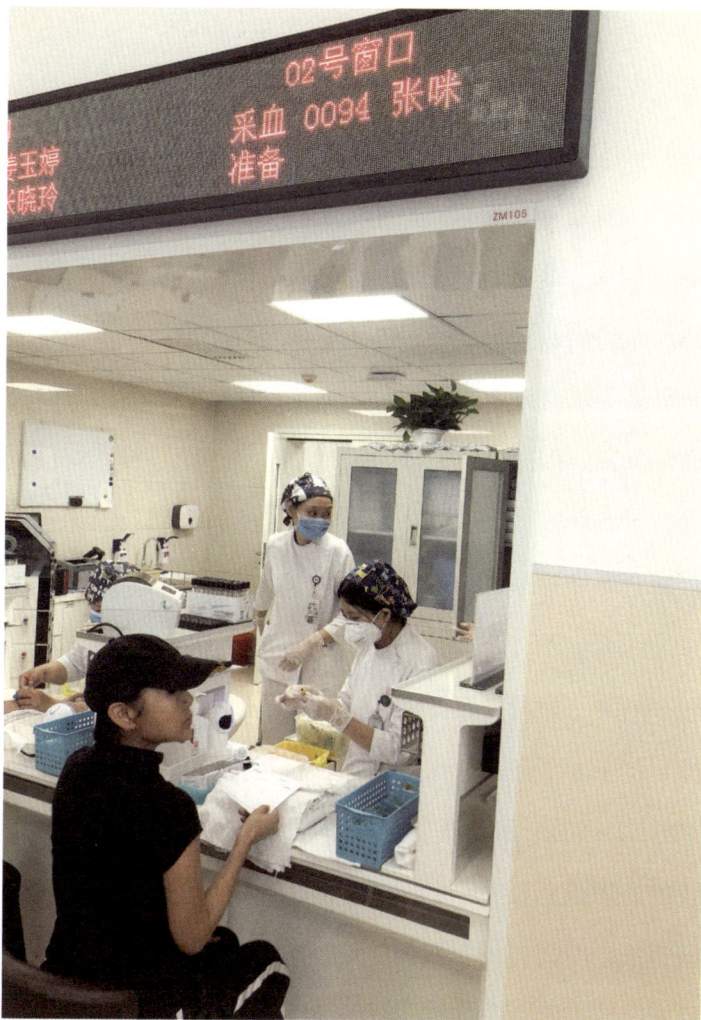

等待采血的我

心就会导致大出血。而输入的血小板只能维持 3—7 天，所以我每周都要去输血小板。住院打了三个多月升血小板的针后，仍然不见好转，我被转到了血液科。

不仅如此，血小板低下的原因，更是一直让我胆战心惊。癌症病人其实都特别敏感，如果哪里出现不适，就会怀疑是不是癌细胞转移了。我也不例外，那段时间我的心里很不安、很焦虑，担心癌细胞是不是已经转移到骨髓，才会导致我的血小板一直升不上去，各种猜想，我需要做骨髓穿刺找到原因。

很快，医生帮我安排了骨髓穿刺检查。穿刺当天我们很早就来到了医院，在骨穿室门口等着叫号。等待总是最煎熬的，尤其看着从里边出来的人都是一副痛苦的表情，我的心里就更紧张了。人生中第一次体会骨髓穿刺，以前我想象当中的穿刺应该像打针一样，就是扎一下而已，但是实际情况和我的想象完全是天壤之别，当我看到医生拿着像锥子一样的很长很粗的针头时，我都要晕了。

在穿刺室外等候的杨波

我忐忑不安地躺在床上，内心无比害怕，好在给我做穿刺的医生一直安慰我，让我不要紧张，但是怎么能不紧张呢？我的心在颤抖，我本身就对疼痛特别敏感，果然，当针扎进去的那一刻，在极度紧张的状态下我还是明显感受到了疼痛，麻药似乎对我起不到任何作用，我明显感觉到针头在骨头里边转来转去，医生说我的骨头很硬，针头都有点弯了，折腾了很久，总算是做完了。

　　那15分钟对于我来说，简直是我经历过的最长的15分钟！好在总算顺利地做完了，我在外边的椅子上缓了很久才慢慢离开，那种感觉至今仍然记忆犹新。

　　一周后，我终于拿到了穿刺报告。医生告诉我：你的骨髓没有任何问题，一切正常，血小板低就是因为放化疗导致的。那一刻，我坐在医生的办公室控制不住地哭了起来，折磨了我很长时间的担心害怕终于解除了，我如释重负！

　　接下来就是继续吃药，密切检查。在这里，我想跟病

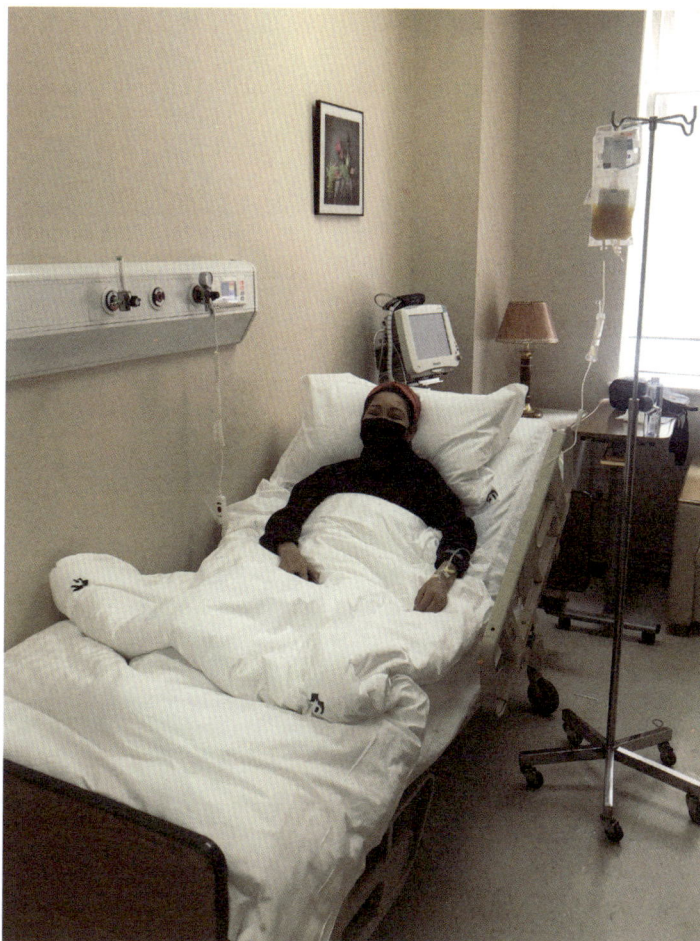

正在输血小板的我

友们分享一些经验，除了配合医生的治疗外，我觉得要提升血小板，在饮食、运动方面也很关键。平时可以适当地参加一些锻炼，不让自己懒惰，不要总是把自己当病人，可以散步、慢跑等，增强体质。不过千万不要剧烈运动，要尽量避免创伤，防止引起出血。衣服应该穿柔软、宽松的，饮食上避免粗硬及油炸的食物，因为这些容易导致消化道出血，尽量不吃油腻及不易消化的食物，保持营养均衡。

在经过半年多的治疗恢复后，我的血小板终于开始上升，逐渐恢复了正常。

心态变了，一切都会改变，心态决定结果。

每个人都可能因为心态不同而命运不同。

CHAPTER 03

重　　　　　生

在冬季的最后几天里 / 我感觉到春天的气息 / 就像是久别重逢的亲人 / 就像是温馨浪漫的你 / 我知道窗外的桃花就要开了 / 我知道门前的草地就要绿了 / 我知道寒冷的日子就要过去了

——春又来（仲衡词 / 仲衡曲）

重　生

　　2018 年 9 月开始，我连最基本的喝水、吃东西、张嘴讲话这些简单的动作都已力不从心。我已经完全张不开嘴，就连最小的药片都塞不进嘴里，上下牙齿之间仅剩一条细小的缝隙勉强能喝下流食，每日三餐只有把食物打成流食，才能喝下去。

　　我不知道如果让你一个月每天三次喝同样的东西，你是否能坚持？当食物被打成碎末，无论更换多少种食材，搅碎了的流食都是同一种味道。每次喝之前我都要对自己说：要想活下去，就得喝下去！我必须闭上眼睛一口气喝完才不会吐出来，吃饭对于我来说成了一件痛苦的事，但是为了维持生命我没有其他选择。当时我的体重已经下降了 20 斤，每天如此，我就这样坚持了一年零一个月！那时我最大的乐趣就是翻看手机上的外卖软件，看着美味菜肴的图片过过眼瘾。.

随着治疗，我的病情逐渐好转，嘴也能张开一点点了。一天早晨，我在医院点了一个鸡蛋，我试着把蛋清从牙缝塞进去，慢慢地咀嚼，去感受鸡蛋的味道。当时我真的特别激动，我赶紧叫醒睡在旁边阳台上的老公：你看，我能把鸡蛋清塞进嘴里了！我快能吃东西了！我激动得流下了泪水，仰望天空，心中无比感恩：老天是眷顾我的！

贾宁医生建议我买一个张口器每天练习张口，但张口器最低的一档我都塞不进嘴里。还是老公有办法，他去商

我的状态开始慢慢恢复，笑容也回到我的脸上

场买了一双凉鞋，把鞋底剪下来做成尖的形状，因为凉鞋的鞋底是软的，可以伸缩，尖头能放入上下牙齿之间。我就这样慢慢练习，过了一段时间果然有效果，后来我又用做饭的铲子慢慢地、一点点地做撬牙齿练习……总之，我们想了各种各样的方法练习张口，从用手一点点地把食物塞进嘴里，到可以用勺子把食物放到嘴里，这是一个既漫长又艰难的过程。

当进行到第 25 次放疗后，我的口腔发生严重溃疡，根本无法喝水，更别提吃东西了，我再一次失去了讲话的能力。写到这里时，我不由放下手中的笔，呆坐了很久……

说真的，现在回想起来那段痛苦的经历，我都不知道我那段时间是怎么挺过来的！

不能讲话，只能用笔写、用手打字来与人沟通，是特别着急和痛苦的事情，尤其是在生病的时候。当我的嘴能张开一些，我就开始练习讲话。开始的时候，我感觉舌头都不是自己的，完全不好使，但我每天坚持发音，坚持练习，从一开始讲不清楚到后来终于能够讲清楚，这个过程真的像一个婴儿刚来到这个世界，一样样学习张口，学习讲话，学习吃东西。

几个月前，当我坐在钢琴前发不出任何声音时，我曾绝望地痛哭；现在我每天至少练习一个小时的发声，我又可以自由地唱歌了！此外，我的头发也慢慢长了出来。治疗的过程虽然痛苦不堪，但是结果却令人满意，我感觉自己又重新活了一次！我在心里告诉自己：不管以后怎样，从现在开始，我要把每一天都当成最后一天来过！

回归生活

只有经历过死亡之后，才能更深刻地认识生命。这次生病虽然让我经历了很多痛苦，但我从中获得的收获也是很珍贵的。感恩这次生病让我认识了生活的本真，让我停下了脚步，让我回归生活！

出院后，我老公 Fred 安排了一次泰国普吉之旅，我们实在太需要去放松一下了！出发的前一个晚上，我激动得睡不着，上了飞机也特别兴奋，好像人生中第一次出国旅行。

当我们到了普吉，在酒店安顿下来后，我就迫不及待地奔向大海。当我看到大海的那一刻，我的眼泪瞬间流了下来！我又看见久违的大海了！我双手合十，仰望天空，止不住地流泪……

真不敢相信我活了下来！感恩老天的眷顾！

我们坐在海边，回忆着这一年多来与病魔抗争的点点滴滴，心中无限感慨……

以前我把很多时间都给了工作，现在我在家里也觉得每天过得很快乐、很充实。我和老公花很多时间学习做饭，他做西餐，我做中餐，两个人经常像比赛似的对各自做的菜做出评判。

离我家不远的地方有个菜市场，那是我们很喜欢去的地方。也许那里很少有外国人光顾，大家都热情地和Fred打招呼，Fred也迫切地想和大家沟通，就请了一位中文老师，每天学一个小时的中文，然后我再帮他做一个小时的复习。教Fred学中文是特别有意思的事，外国人的发音有时打岔能打到十万八千里，比如：鼻子，他说成"杯子"；脖子，他说成"包子"；小伙子，他说成"小猴子"……最好笑的是他特别努力认真的样子，我经常笑得肚子疼！

Fred非常热爱中国文化，敬仰中国精神，尤其是这次新型冠状病毒疫情，他认为中国这次比以往任何时候都更强大、更团结！每当有人问他：你喜欢中国吗？他的回答都是：我爱中国！I love China! 每次听到他向外国朋友介绍中国的时候，我心里都非常欣慰和自豪。

在疫情期间，看到勇往直前的白衣战士，Fred和我都会热泪盈眶。在我生病的过程中，我们对医护人员产生了深厚的感情，中国医生彻底征服了Fred！他还在中国买了医疗保险，他非常信任中国的医护人员。

　　疫情期间北京下了一场大雪，Fred 和我站在窗前，看着小区的防疫工作人员站在寒冷的风雪中给进入小区的人量体温，Fred 对我说："我不会点餐，你能帮我叫外卖吗？点一些好吃的饭菜给他们送去，要热乎乎的，多点几份。"我说："好的，一定！"

　　虽然这是一件很小的事，但我很感动。是我们中国人的勤劳、勇敢，深深地打动了他，让他深深地爱上了我们这个国家和这里的人民！

　　打扑克一直是我和 Fred 每天必做的事，谁赢了谁跳舞，Fred 每次都会即兴发挥跳不一样的舞，他跳舞时特别认真。赢我，他真心高兴！我有时特别希望他赢，因为喜欢看他跳舞，非常幽默，非常非常好笑！

　　我和老公在一起近 15 年，我觉得我们一直像两个简单而又快乐的孩子。在我们家里听到的最多的话是：谢

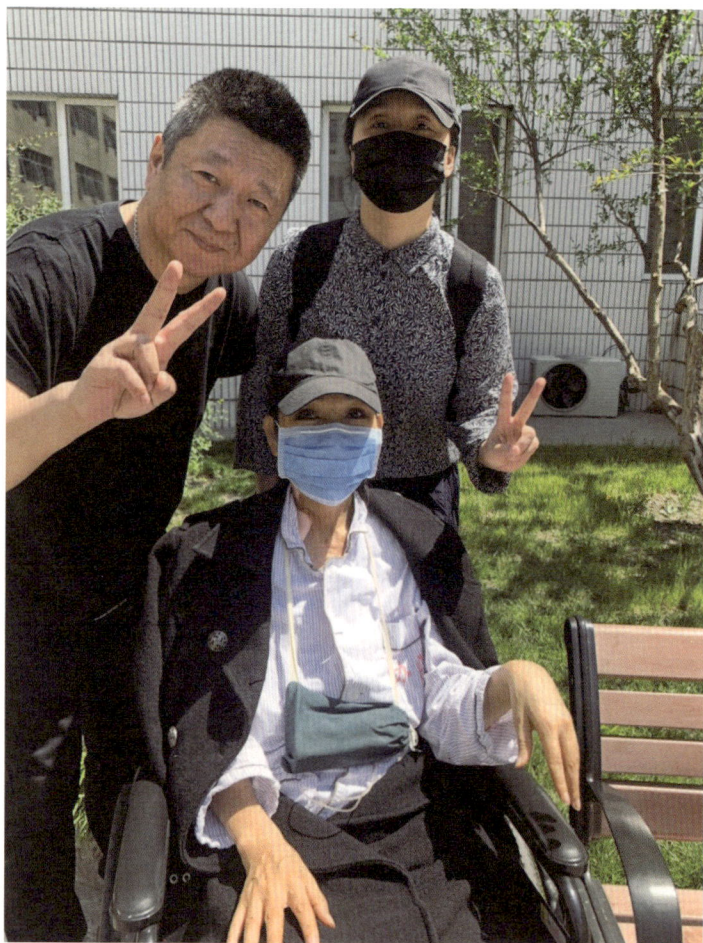

弟弟、弟妹和我

谢！Thank you! 我们的世界很单纯，就是爱与生活，还有相互的支持、尊重和陪伴。出院回家后，我每天早上都要起来煮咖啡，煮鸡蛋，把鸡蛋剥皮，然后将咖啡和鸡蛋端到老公床头——感恩回报从小事做起。

我这次生病也改变了身边很多人，比如我弟弟。弟弟一直是以朋友为中心的人，以前来北京时，我几乎很少见到他，他每天都是和朋友们在一起。我生病后，他哪儿都不去了，在家洗碗、擦桌子、打扫房间，也回归了家庭。

哥哥从小到大一直是我们的老大，为我和弟弟操心。我生病后，哥哥和弟妹成了家里的厨师，他们做饭都非常好吃，尤其是包饺子。我们全家人围在一起，有说有笑，包着饺子，讲着故事，这才是最美好的时光！

我爱生活！我爱你们！

把每一天都当成最后一天

我出院后，一位温哥华的朋友专门回来看我。她在没见到我之前满脑子想的都是该怎么面对我，她想，见到我后我们应该会抱头痛哭吧！

得知她要来，那天我很早就起来去买了鲜花和水果，把房间收拾得一尘不染，还给自己化了一个淡妆，把头发整整齐齐地梳到了后边——对于我这种完美主义者，时时刻刻都要注重自己的形象，一辈子的习惯，改不了喽！我还特意挑选了一件橘红色的高领毛衣和一条运动裤。当我打开门，她见到我的那一刻，简直惊呆了，她说：你是不是被误诊了？除了头发短了，没有任何变化呀！咋还更年轻了呢？哈哈哈……房间里响起我俩爽朗的笑声。

我的恢复在别人看来像是奇迹，其实跟我出院以后的生活习惯有很大关系。

出院回到家后，我就给自己制订了一个时间表，把每天的时间都合理地安排起来，生怕浪费一分钟。每天做饭、运动、写作、练声，在恢复期间我没有一天放纵过自己，每天坚持练声半小时。当然，写作和运动是我恢复期间的主要工作，我每天都会用 4 个小时的时间来写作，两个小时的时间做运动，主要是在家里练一些简单的瑜伽动作，外边阳光好的时候会下楼走上几千米。

让我惊喜的是，以前从来不做饭的我，现在对于做饭倒是产生了极大的兴趣，除了其他安排，我大部分时间竟然是待在厨房里研究做饭！这里不得不说抖音还真是个好东西！我看着抖音学习了很多美食的制作方法，从做营养粥到蒸包子，简直忙得不亦乐乎！以前的我怎么也想不到有一天我也会做饭，现在竟然也能像模像样地做出几道菜！我老公也算是有口福了！

很多病友患病后，总喜欢把自己封闭起来，其实，这样做很容易让自己走入死胡同，在这个时候更需要去打开自己，释放自己，这样才更有助于恢复！

有一天，好朋友打来电话，哭着说，她老公也罹患了癌症，全家人都陷入痛苦之中，感觉天都塌了！问我该怎么办，最主要的是她老公的精神已经崩溃了，每天不吃不喝也不说话，情绪非常消极。

我听说后，马上跟她老公通了电话，刚接通便听到他开始痛哭，说的都是"为什么上天这么不公平？""我上辈子做了什么缺德事，为什么癌症会找到我的身上？""我的孩子才刚上小学，我死了孩子怎么办？我死了之后我的父母怎么办？"……基本上都是抱怨和最坏的打算。当然，癌症病人刚刚得知自己患病的消息时，往往都会胡思乱想，都需要一段时间去接受，但是最怕的就是自己先认输、自己先趴下、自己先给自己判了死刑！我开始开导他、鼓励他，给他讲了很多我在抗癌期间的心路历程，讲了很多抗癌成功的案例。在放下电话之前，我能感觉到他还是战胜不了恐惧，恐惧已经在他的内心深深地扎下了根！

大概又过了两个多月，朋友打来电话说她老公去世了！从查出癌症到去世仅仅三个月，我不知道他最后的心态是什么样的，但是如果他能放下恐惧，积极面对，或许会有不一样的结局！生命很脆弱，生命也没有彩排，没有第二次选择的机会！开心快乐是一天，悲伤痛苦也是一天，就看你用怎样的心态去面对！

古罗马哲学家马可·奥勒留的《沉思录》中有句名言：

"把每一天当作生命的最后一天来度过。"现在，我更能体会这句话的意义！史蒂夫·乔布斯在斯坦福大学演讲时分享的第三个故事中也提及这句话："如果你把每一天都当作生命中的最后一天去生活的话，那么，有一天你会发现你是正确的。"当你把每一天都当成最后一天时，就会忠于自己，按照自己的意愿去生活，会尽心尽力、全心全意地对待每一分钟、每一秒钟，不留遗憾！完美的人生是不可能有的，但只要活着，就是美丽的。

特殊的"第一次"歌唱

我从 14 岁开始成为一名专业的歌手,这一辈子只做了一件事,那就是:歌唱!

在歌坛的几十年里,我被拒绝过无数次,被否定过无数次,也摔倒过无数次,但每次我都坚强勇敢地站了起来,从头开始,东山再起。然而,这一次面对癌症晚期,我无法张口、无法讲话，坐在钢琴前再也发不出声音来，只有泪水在默默地流淌！那时的我内心充满了绝望，完全看不见未来！

在病房里，每个煎熬的黑夜，我都反复听着自己曾经唱过的歌，突然开始眷恋自己的声音，心里觉得再也回不到以前了，再也无法像从前那样歌唱了！

当身体开始慢慢好转，当我开始恢复了讲话的能力时，我对杨波说："我之所以坚持，都是因为你们这些爱我的人，我不想让大家为我难过，是爱给了我力量，是爱让我坚强！"杨波说："这是很好的歌词啊——为了爱我的人！"于是，我们有了创作灵感，杨波和我分头写了各自的感受，然后我们集合了各自的精华，完成了《为了爱我的人》的歌词创作。

写这首歌的旋律是非常痛苦的过程，我不得不一次又一次地放下笔，止不住心痛的泪水，仿佛是在用生命、用心、用眼泪在写。我们每个人都有自己爱的人，为了爱我们的人，我们才有了选择，选择坚强，选择给予，选择付出和坚持。

出院后的一段时间，我的身体每天都在好转，在家除了做家务就是吃药、煎药、再吃药，练声、写歌、听音乐是我生活的调味剂，我强迫自己做一些喜欢的事情来分散癌症带来的精神压力。我需要工作，我需要忘掉自己是个病人，而只有音乐才能让我从内心感到快乐，我觉得适当的工作更有利于我身体的恢复。

我的好朋友音乐制作人仲衡在音乐上给过我很多帮助和鼓励，他和词作人梁芒联手，专门为我打造了《海上星光》，我们在沟通创作的过程中感受着快乐。《为了爱我的人》的编曲，我和杨波同时想到了"南征北战"的汀洋。我一直很欣赏"南征北战"的音乐，几年前我们曾一起合作《我乐意》《蓝蓝的天》，那时，我认为他们一定会火，我曾开玩笑对汀洋说："有一天你们火了，可别不认识我！"这次我生病，他们多次要来看我，对我极其关心。这几年

患癌后第一次录音

他们的事业越来越好，但成就并没有改变他们纯净的内心，他们依然是我初识的那三个爱音乐的年轻人。

这次让我最感动的是，这几位音乐界的好友为了能帮助我重返舞台、重新歌唱，为了让我在音乐中感受到快乐，他们都无偿地把他们的友情和爱给了我，真是暖心到让我无法用语言来表达内心的感激之情！我想对他们说：谢谢！音乐的路上有你们是我最大的幸运！

进录音棚的前一天晚上，我失眠了，翻来覆去地睡不着，心里特别激动，我无法相信自己还能继续唱歌，上天真是非常眷顾我！此时，我的内心充满无限的感慨与感恩！

第二天我很早就起床了。当我走进录音棚站在话筒前的一瞬间，看着录音棚熟悉而又陌生的一切，我不争气地哭了……这久违了的感觉，恍如梦中！我不仅活着，而且还能继续做自己喜欢的事，我不敢相信这是真的。

《为了爱我的人》封面

在录音的前几天，仲衡陪我做了很多练习，包括吐字、呼吸气口、每小节的细节处理，都做了充分练习，所以录音进行得很顺利。杨波一直担心我累着，但我完全没有感觉到累。本来想着两首歌分两次录完，但我的状态超乎了我的预想，一口气录完了两首歌。录音师惊讶地说道：咪姐，太棒了！真是没想到。

他们的鼓励更坚定了我的信心。当我听到《为了爱我的人》的成品时，我无法控制地在音乐声中痛哭，生病期间与病魔抗争的各种画面，那些挣扎，各种各样的疼痛、煎熬、恐惧和痛苦……像放电影一样，一幕幕在脑海中浮现。这首歌记录了太多的故事！从地狱里走出来的我，又重新站在了话筒前，我做到了！我为自己感到骄傲和自豪！

经历了生死，我对生命、对人生，以及对音乐都有了更深刻的感悟。现在我的音乐里，没有华丽的语言，没有演唱的炫技，只有简单真诚的诉说与体会，以及用生命和心灵表达的最质朴、最有爱的音符。音乐给了我天使的翅膀，让我重新飞翔在这个美丽的世界。我从未像现在这样留恋身边的一切，这样地舍不得！我的容颜、我的心，再次绽放出生命的光彩，我的世界、我的幸福和泪水都在音乐里，在歌声里……

我在绝望中寻找希望，并在生死一线坚定地相信世界的美好！我不是患者，我是歌者，我歌唱生活的美好！我歌唱爱！

这次录音是我重生后的第一次，也是最难忘的一次！

CHAPTER 04

为 了 爱 我 的 人

为了爱我的人 / 我不会再流泪 / 再大的风和雨 / 手牵手在一起 / 为了爱我的人 / 黑暗中你的话语 / 不放弃 不后退 / 和伤痛说再见 说再见

——为了爱我的人 (杨波、张咪词 / 张咪曲)

为 了 爱 我 的 人

哥哥、弟弟和我，我们兄妹三人，很难有机会在一起待这么多天。我们三个人从小就离开了家，分别在不同的城市打拼，长大以后基本没有在一起过过春节，这次因为我生病，哥哥和弟弟第一时间都赶来了北京。

一天晚上，弟弟一个人在客厅喝闷酒，我坐在他身边却不知道该说些什么。这段时间大家都深陷痛苦之中，无比脆弱，以前我从来没见弟弟流过泪，今晚他却哭得像个孩子，他说："姐，你这次生病太意外了，我突然觉得我的人生观、价值观都改变了。这些天我一直在懊悔，我应该多关心你，咱仨应该多聚在一起，我对很多人和事可以做得更好一些。我们出生在偏远的小地方，家里没有能力给我们好的教育，我们很小都要靠自己出来闯荡，在社会上游学，在跌倒后成长。尤其是你，一个女孩子，14岁就一个人出来闯，摔了那么多次跤，但谁也没能把你打倒！姐，这次你也一定能行，因为你比我和哥都坚强！"

看着弟弟痛苦哭泣的样子，我换位思考了一下，我想，如果我的哥哥、弟弟出了什么事，我该有多痛苦！我该怎么活下去！那一刻，我突然觉得我的身体不仅仅是属于我自己，也属于身边这些爱我的人，我有责任为他们而活下去。

那一夜，我思考到天明，我决定把眼泪留给自己，把

哥哥、弟弟和我

微笑留给大家。早晨，我对着镜子整理了自己，练习了微笑，我笑着推开客厅的门。家人都惊奇地看着我，我微笑着，我觉得今天感觉好多了，大家因为我的笑容也都开心了起来。从那天开始，我不再绝望，我选择开心地过好剩下的每一天。一边是痛苦绝望，情况会越来越糟，只有等死；另一边则是接受现实，积极乐观地治疗，也许奇迹就会出现。我选择了后者。

接受所有现实，感恩所有遇见，善待所有未来！

致敬白衣天使

以前没有生病的时候，我并没有特别关注医院、医护人员以及医患关系，生病后与医护人员的密切接触，让我对他们有了重新的认识和深切的感受，更加重了"白衣天使"这四个字在我心中的分量。

但是，很多医患关系紧张的例子也令我们心生寒意，

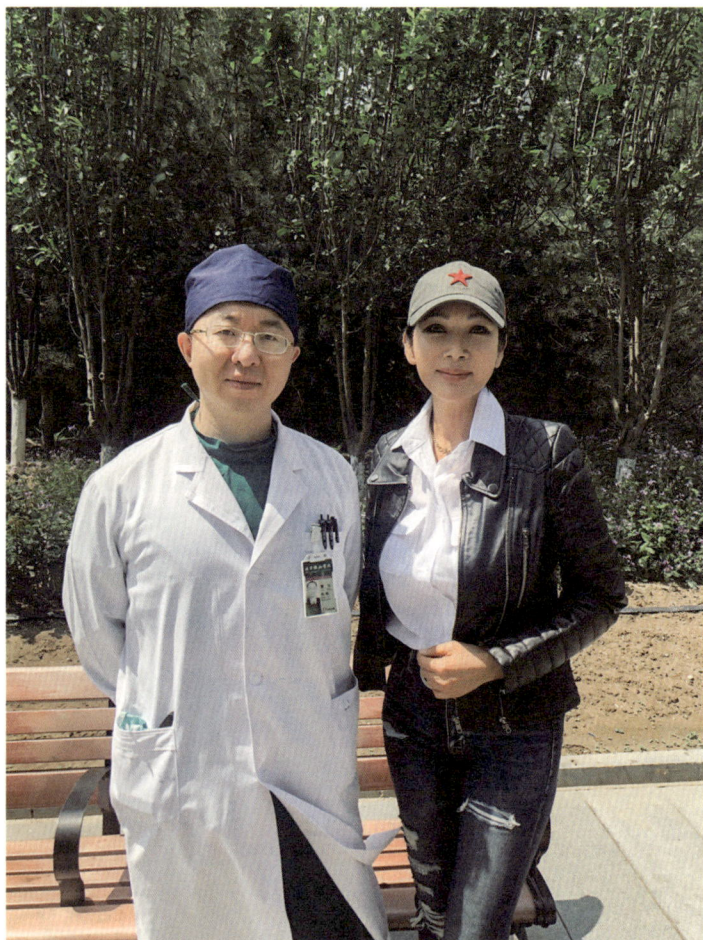

我和负责我化疗的贾宁大夫

伤医事件频频发生，每当我看到这样的新闻时都很痛心。在过去的几年时间里，我与医生和护士们朝夕相处，亲眼看到了医护工作者的辛苦！我几乎看不到他们有休息的时间，下班后也依然牵挂着他们的病人。医生是一个非常伟大的职业，医生把对自己、对亲人的爱同样地给予了患者。既然我们选择了医院、选择了医生，我们就要百分之百地信任他们，我相信每一位医护人员都是怀有帮助别人的理想、胸怀大爱的人。

住院治疗期间，我把自己全身心地交给医生，从不操心医生每天用什么药，怎么治疗，医生让我做什么，我就做什么，我只坚信一点：医生所做的一切都是为了治好我的病。所以，医患之间的配合尤为重要。

我在肿瘤内科时，负责治疗我的医生是贾宁大夫。他酷酷的，话不多，但偶尔说出的话特别幽默，经常逗得我哈哈大笑。他每天上午都会来查房，我每天都期盼他开门的那一刻，因为总想在他那里得到一些好消息。在化疗期间，他成了我的希望和依赖，当我的脸慢慢开始消肿，当我的疼痛开始减轻，当我的体重开始增加时，医生和我的喜悦是一样的，我特别崇拜我的医生！

住院那段时间，我觉得肿瘤内科病房的每一位护士都是天使，她们充满爱的眼神、专业细心的护理和脸上纯真的笑容，真的让我感觉天使在人间，她们让我看到了一个全新的世界，这是充满爱的世界。

记得2019年国庆期间，我的血小板降到了个位数字，我非常紧张害怕，而当时正值国庆假期，我真是不忍心打扰医生，但也真的很无助，所以还是联系了口腔外科的周炼教授。他听了我的情况后，马上帮我联系了血液科的庄俊玲主任，并跟负责我化疗的贾宁医生针对我的病情进行分析和沟通，在三位医生的帮助下，我很快就被安排输了血小板。

事后我才知道，当时他们一个在西班牙，一个在加拿

我和协和医院口腔外科的周炼教授

大，只有庄主任在北京值班。我感到非常内疚，因为我打扰了他们难得的假期，虽然当时他们不在国内，但是他们一直在为我的血小板低的问题而忙活着。周炼教授对我说：身体出现任何不适，一定要告诉我，不分假期和黑夜，因为你是我的病人！

其实，医护人员对于患者来说，不仅是给患者治病的人，更是让患者心安的支柱。

当然，我也亲耳听到过患者对医护人员的抱怨和不满，认为医生态度不好、服务不好。亲爱的患者和患者家属们，首先，医院不是商场，不是酒店，它不是服务场所，它是帮助咱们解决病痛和救你命的地方，如果我们每个患者都怀着感恩之心、信任之心，我相信医患之间的关系一定会是和谐的、友爱的！但是总有一些人因为"不满意""不高兴"，对医生实施暴力，而一个医生却不会因为医患关系紧张而拒绝诊治患者。"非典"、新型冠状病毒性肺炎，在灾难面前，我们的医护人员义无反顾，在没有硝烟的战

我和血液内科庄俊玲主任

场上，他（她）们都是勇士。我病房的一名护士说：从选择职业的那一天，就注定了使命与责任！对这样的人，我们有什么理由不心怀崇敬！

在抗癌过程中，周炼教授从来没有放弃过我这个病人，在我最恐惧、最绝望的时候，给了我很多精神上的鼓励。是他让我坚定了信念，是他让我相信奇迹，一路走来，他与我并肩同行，一起战胜了病魔。

我是幸运的，因为我在最迷茫无助的时候遇到了两位伟大的医生。如果不是周炼教授在我被误诊了8个月后确诊我的病情，如果不是贾宁医生科学地为我制订了化疗方案，我今天真不敢想象自己会在哪个世界，他们给了我第二次生命！当我怀着无比感恩的心不知如何报答时，两位医生是这么对我说的——

周炼教授：我只是一个普通的大夫，做的也都是这个职业本该做的事。当然，我的职业理想就是能够帮助别人，希望这次也能真正帮助到您。

我和肿瘤内科的护士们

贾宁大夫：我最开心的就是看到您和您家人脸上的笑容，看到您重新回归正常生活！

在这里，我要再次郑重地感恩北京协和医院的几位医生，他们是——

口腔外科：周炼教授；

肿瘤内科：贾宁医生；

血液内科：庄俊玲主任；

放疗科：刘志凯大夫；

耳鼻喉科：陈兴明主任。

感恩肿瘤内科一病房的全体医护人员！

感恩与你相遇

2011 年，在这个开放的互联网媒体时代，我因为中外合作音乐舞台剧《中国一夜》150 万人民币的合同纠纷，而一夜间被恶意炒作成所谓的"诈骗门"事件，遭受巨大的网络暴力，我的事业和生活被推向绝望而黑暗的人生低谷，曾经的朋友和同事都相继离开了我。虽然我用了近四年的时间打赢了这场名誉侵权的官司，但已身心俱损。

2013 年底，在朋友的介绍下，我认识了 90 后阳光男孩杨波。他长了一张让人一看就特别信任的脸，他并不是娱乐圈里的人，对这个行业完全不熟悉。我当时正处于事业停滞的低谷，官司缠身，痛苦不已，杨波说："咪姐，您应该振作起来，还有很多人爱您！我哥的车里一直都放着您的那首《灞桥柳》的歌，您如果相信我的话，我想努力为您做些事。"

为了能够认识圈里人，他想办法加入各种经纪人微信群、演出商群、媒体群、导演群，加他们的微信，约他们吃饭喝咖啡。在开始的一年里，我们无数次被拒绝、被否定、被淘汰……但杨波对我依然充满信心！所有那些对我的否定和拒绝，反而成了他更加不认输的动力。我的心情低落到极点，无数次想过放弃，但当我看到杨波为我如此努力，为我承受了那么多打击的时候，我觉得很惭愧。我后来的转变和努力好像不是为了我自己，而是不想辜负杨波对我的信心！

在杨波的努力和操盘下，我们终于在 2015 年推出了 EP 专辑《睡不着》，勇敢回归，随后我又受邀为国家食品安全制作演唱公益歌曲《蓝蓝的天》。

2016 年 6 月 11 号，杨波帮我实现了我 30 年的梦想——举办了我的首场个人演唱会。从开始谈判，到演唱会的筹备，计划、执行、灯光、舞美、乐队、票务等等，全部由他来落实，我几乎没操什么心。他要求我每天健身，增强体能，安心把歌练好，其他的事都由他来管。演唱会最终圆满成功！

仅仅两年的时间，杨波成长得飞快，他已不是那个对演艺圈充满好奇而又迷茫的新人。他思维敏捷，判断力很强，做事认真、用心、执着。我的演出和各种活动越来越多，我在他的帮扶下，慢慢地走出了那些伤害带给我的阴影，我们对未来充满了希望。

人们常说：明天和意外不知道哪个会先到来。2018年底，我由于无法张嘴，从温哥华返回北京。杨波带着我每天奔波于医院之间，我在被误诊期间的三个多月时间里一直在做理疗和针灸，杨波一直陪伴在我的身边。

2019年4月12号，我被确诊为癌症晚期，杨波是第一个拿到确诊报告的，这对他来说是意外的打击！

我劝他：找其他的工作吧，别和我熬着了，因为我可能没有明天，也不会有什么未来。大家都需要生活，每天这样陪着我是在浪费时间。他却对我说：咪姐，如果我在您生病的时候离开，我这一辈子都不可能活得心安！我也不可能到别的公司工作，因为我的心不在那儿，我每天都挂念着您的病情，我怎么能工作好呢？我妈妈也对我说：咱还年轻，赚钱以后有很多机会，咪姐生病期间一定要把咪姐照顾好！

他的手机里几乎都是我的资料、我的照片、我的视频，在刚开始知道我是癌症晚期的那几个月里，他不敢看手机，不敢看我的视频，害怕再听我的歌声，因为这个意外已经撕碎了他的心！

我能感觉到他的痛苦，每天他都来病房陪我，我也尽量让他看到我在一天天好转，我总是微笑着劝他不要难过，要坚强，我会好起来的。

记得住院一个月后的一天，杨波像往常一样来到病房。

我说：我们聊聊未来、聊聊工作吧！

他惊讶地看着我：现在吗？

我说：对，就是现在，聊聊未来我们做什么。

他好像早有计划和准备，向我介绍了他的一系列想法。我霎时觉得看到了希望——原来我们仍然可以做很多事情！他打开了我的思路，让我看到了曙光和未来！那是我生病以来最开心的一天、最有希望的一天！以后的日子里，我发现只有谈工作、聊未来的时候才能让我真正开心起来，

感恩在我生命中的至暗时刻遇到了杨波。

杨波于我，不是亲人，胜似亲人

才能让我觉得自己还有明天和未来。

在我血小板出现问题时，杨波每天在家为我煲各种不同的滋补汤，然后送到医院。医院的保洁阿姨及护士都以为他是我的儿子，都说羡慕我的好福气！我想，即使是亲生儿子也未必能做到如此吧！

我的每次检查、每次抽血、每次手术，挂号、排队、等号、取药、取结果、办理出入院手续及大大小小的事情全部都是他跑前跑后，非常辛苦！

在我生病治疗的一年多时间里，他没有一天放下过我，没有一天放弃过我，从没有一天缺席过！就算我出院回到家的日子里，他也每天都会问我：咪姐今天怎么样？身体有什么不舒服吗？我能感觉到他每一天对我的牵挂！

在我生病期间，他没有去度过一次假，五一、十一、春节……和家人朋友约好的出行都被他推掉了，他说：咪姐在医院躺着，我无心欣赏美景。

我知道在我生病期间，很多艺人、很多公司都在挖他，但他从未动摇过，对我从始至终，不离不弃。

杨波，一个90后年轻人，在充满诱惑又现实的娱乐圈坚守着忠诚与善良，陪伴我走过了人生中最黑暗的两个阶段——事业的低谷和生命的危机，从我的助手到我的经纪人，从合作者到家人、亲人，一路与我逆境同行，共同战胜了一个又一个困难，却无怨无悔！我是如此幸运，感恩命运中的相遇！

曾读过这样一段话：真正的亲人，不是靠血缘关系决定的，而是以待你的心决定的。这世上的亲人只有一种，那就是关心你、疼爱你的人！

老公的陪伴

老公名叫 Fred Harding，他有一个中文名字——傅爱德。老公出生于英国曼城的一个警察世家，1996 年移居温哥华，任职警局 33 年，是温哥华重大犯罪部门长官和警局警察新闻发言人。2016 年他投身商业，2018 年成为温哥华市长候选人。

今年是我和老公 Fred 在一起的第十五个年头，这是我第一次谈起他，在我的抗癌经历中，他是不可或缺的一笔。

大部分人都不相信异地恋，但我和 Fred 有 7 年的时间都是异地恋——一个在中国，一个在加拿大，两种不同的职业、不同的文化和语言，但我们从未怀疑过彼此，信任和尊重让我们的相处变得简单而快乐。我想如果你足够爱对方，足够尊重自己和对方付出的情感，爱是可以超越时空、超越地域、超越时间的！

我身边也有一些朋友不看好我和 Fred 的爱情，认为相隔如此遥远太不现实，应该在国内找个有钱人嫁了，才有安全感。我从小到大一直都很独立，不会把安全感寄托在任何人身上。我一直都很清楚：只有靠自己才最靠谱，谁都可能会离开你，只有自己拥有的，才真正属于自己！所以，我注定要嫁给爱情而不是物质，我只想找一个灵魂干净、品德高贵的善良人，因为我相信，我有能力帮助爱

老公 Fred

人成为一个富有的人！

然而人生太无常，我和 Fred 熬过了 7 年漫长的两地生活，终于走到了一起，却又猝不及防地面临着阴阳两隔！自从我被确诊，我们在一起的每一分、每一秒都变得格外珍贵，我们不得不聊一些最坏的事情，然后抱头痛哭，那种即将分离的心碎无法用语言来表达……

Fred 是一个内心很阳光、很简单、很乐观的人，这是我第一次看到他承受痛苦，以前我总觉得在他那里就没有痛苦和烦恼，每天他都是一副开心的样子。癌症改变了我们的一切，Fred 握着我的手说：我知道接下来的日子会很艰难，你不要怕，这是我们两个共同的事情，我们要一起面对它、战胜它，我会一直在你身边！

对 Fred 来说，最令他着急的可能就是语言障碍，他经常不知道发生了什么，我由于不能讲话，也没有办法给他翻译和解释。我住院时，哥哥弟弟都想在医院陪床，

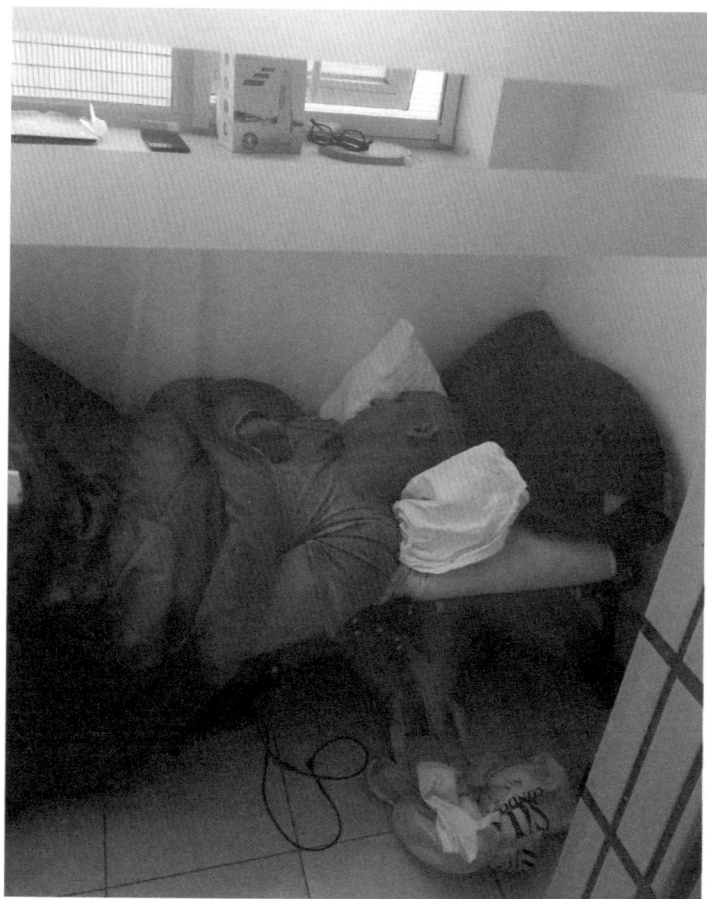

老公为了给我陪床，只能在病房
阳台上搭张窄小的床休息

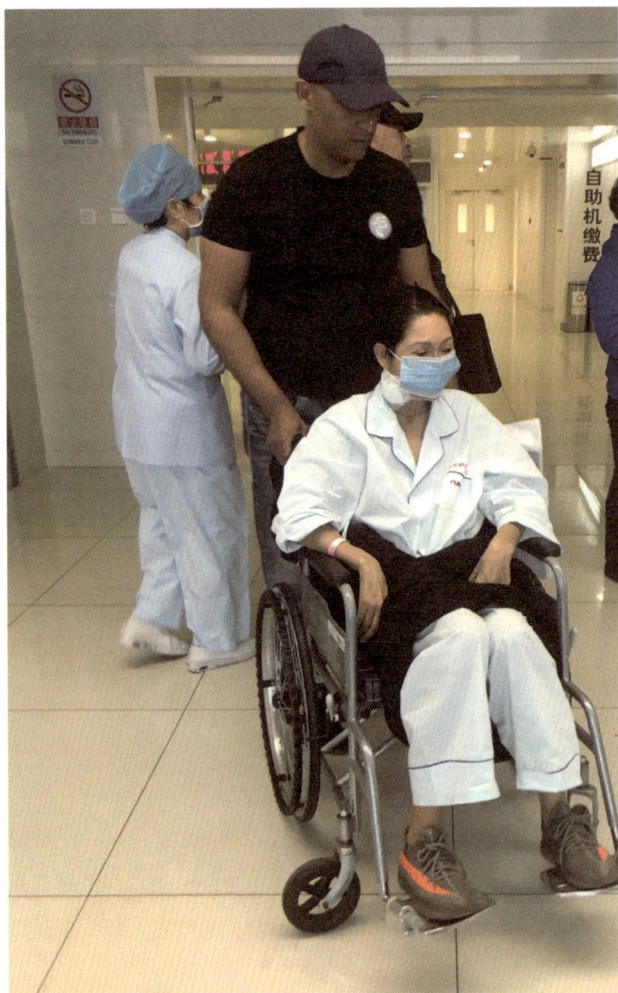

老公用轮椅推着我穿行于医院中

Fred 说："我是你的丈夫，我怎么能让哥哥和弟弟陪床，而我却睡在家里？这是不可能的。"所以我住院的时候，他就睡在外面窄小的阳台上。当时正值最热的夏季，他的衣服和床单每天早晨都被汗水湿透。

我放疗期间，周一到周五，他每天都要开车三四个小时陪我往返医院。他对我的照顾无微不至，我们形影不离，放疗的病友都夸他，说：有这么好的老公，你应该很知足、很幸福了！

Fred 给予我精神上的帮助是巨大的，他像是我的一位心理医生，经常与我聊天，帮助我排除心中的恐惧，给我画了很多未来的蓝图。国外有很多励志短片和演讲视频，他每天都找出来给我看，我的确得到了很多激励。在病房里，我们每天最大的乐趣就是打扑克，加拿大玩法，"疯狂 8"，通常都是我赢。每次赢了我都特别开心，现在我怀疑他可能是故意让我赢的！

外国人是不喝汤的，也不喝粥，但是为了给我补身体，他学会了煲鸡汤、鱼汤、骨头汤，还学会了煮粥，包揽了我的饮食起居。

出院那天，我问 Fred："你现在觉得我还会死吗？"他说："不会，但之前有很多次我都担心你会就这么走了！当你在夜里无法呼吸时，当放疗带给你口腔溃烂疼痛难忍时，我真不知道你是怎么挺过来的，这样的日子还要持续多久，这样的疼痛还要持续多久。但你真的令人不可思议，你全都挺过来了，我为你骄傲！"

我说："是我们一起挺过来的！谢谢你的陪伴，谢谢你为我付出的辛苦，谢谢你为我所做的一切！"

人生伴侣，也许就该是这个样子吧！生死相依，不离不弃，终生陪伴！

人生充满了无常和眼泪，时间和流逝的青春记录着生命的春夏秋冬。一次次跌倒，又一次次坚强地站起来；一次次地被否定，却一直到底地坚持。当我学会了从心底微笑着面对尘世的一切，生命便绽放出夺目的光彩。

CHAPTER 05

一　路　歌　唱
一　路　流　浪

前进的旅途不曾停驻 / 追逐的地图也曾迷路 / 所有的委屈 流下的汗水 / 这条路我会义无反顾 / 最美的风景勇敢前行 / 不放弃梦想 全力以赴

——我就是我（张咪、李侃亮词 / 张咪曲）

我 的 音 乐 与 人 生

　　我出生于黑龙江省伊春市翠峦林业局的林区小镇，那时的家乡没有高楼，没有柏油马路，也没有火车。

　　我 6 岁那年，爸爸因为一场运动入狱三年，妈妈也经常被隔离审查。由于家庭的原因，我的童年是孤独的，经常被歧视，没有小朋友与我玩耍，也没有玩具。我的世界就是自己跟自己做伴，唱歌跳舞，自娱自乐。当我慢慢长大，心里便有了一个梦想，我梦想着能走出大山，梦想着能站在舞台上唱歌。

14 岁那年，我得到了一个信息——内蒙古哲盟艺校在招生。我知道父母一定不会同意我去那么远的地方考艺校，但是又特别渴望走出去，于是我留了个字条给妈妈，便带着积攒的 25 元钱独自踏上了寻梦的旅途。现在回想起来，我依然佩服自己那时的勇敢。也许是因为当时年纪太小，还不懂得外面的世界有多复杂，所以才会无所畏惧吧！14 岁的我就这样独自走出林区小镇，去外面的世界闯荡，没有父母的陪伴，没有金钱的支持，没有任何背景，没有任何人可以依靠，有的只是对未来的憧憬和追逐梦想的勇气。

我先后在内蒙古、阜新、洛阳、郑州、青岛、北京、广州等地的艺术团体当临时工、合同歌手，一路歌唱，一路流浪。

　　1990 年，我代表广州电视台参加了 CCTV 第四届青年歌手大奖赛，并一举夺冠，同年，我演唱的电视连续剧《公关小姐》主题曲《奉献》风靡全国的大街小巷。在比赛期间，我的妈妈因脑癌从家乡转到北京医治，我不得不奔波于医院和赛场，就在总决赛夺冠那天，母亲离世。巨大的年少失亲之痛，让我无心品味夺冠之喜，连奖杯至今也不知道遗落在了何处。

　　2000 年，我带着全新的具有浓重的世界音乐元素的唱作专辑《我是你的》回归。久别的我，已由过去大家熟悉的短发形象换成了长发形象，脱胎换骨的新面孔、新肤色迅速成为焦点，远远超过了人们对我音乐的关注，但《我是你的》仍被多家专业音乐平台评选为年度十大专辑，专辑中的《春又来》连续登上央视春晚和元宵晚会。

　　我被各种时尚杂志邀请拍摄封面，也成为由歌手转变为专业模特的第一人，穿梭于时装秀场和歌唱舞台之间。

2002 年，我发行了首张电音专辑《MAYA》，这是一张挑战自我、不同于以往的全新概念的电音舞曲专辑。为了配合歌曲的表演，我花了大量时间练习舞蹈，我喜欢挑战自己，挑战能让我成长，让我发现自己的更多潜能。

小时候，我曾幼稚地认为外面的世界都是美的、都是好的。在国外游学的日子里，我才慢慢懂得"祖国"这两个字在我生命中的意义，才知道外面的高楼再高、风景再美，都不属于我，离开了祖国就像离开了父母、离开了家，没有了依靠，没有了根和魂……

每当在电视机前观看祖国的新闻，总是牵动着我的心。当运动健儿让五星红旗缓缓升起的时候，无论我在世界的哪个角落，都会泪流满面，感到无比自豪、无比激动与骄傲！我深深地爱着我的祖国，所以，当我的老公向我求婚的时候，我坚定地告诉他几点：第一，我不会移民；第二，我不会换我的中国护照；第三，如果你要和我在一起，只有你跟我走，来中国。

2003 年，我大胆地尝试对《我爱你中国》进行了全新的编曲改编，融入了更多的时尚流行元素，我用美声和流行结合的唱法演绎，这是我内心对祖国爱的表达，也是我至今都很满意的演唱。

2010 年，我成为首位签约欧洲 EMI 总部的亚洲流行歌手，联合 MSO 维也纳交响乐团等国际音乐力量，制作发行了首张英文唱作专辑 *Made in China*。我在音乐和个人特质上尊重了自己的内心，不随波逐流，始终坚持音乐与时尚同行。

从 1990 年到 2020 年，30 年的歌坛沉浮，我经历了音乐在不同历史时期的变迁，穿越广播、电视、电脑、手机四大信息时代，30 年来，我在时代中独行，被时代翻滚，更被时代所丰满。经历了人生和事业的大起大落，即使在那些最黑暗的日子里，也从未放弃过对真善美的信仰！从未放弃坚持做自己！

一路歌唱，一路流浪

　　儿时我的第一个梦想就是走在干净的柏油马路上，因为我的家乡在黑龙江伊春翠峦林业小镇，那里都是山路，冬天寒冷，到了积雪融化的春天，路上就变成了泥浆，根本无法行走，鞋子衣服都挂满了泥。

　　我的第二个梦想是能拥有一个隔壁小娟那样的布娃

娃，而我的童年没有一个玩具，所以直到现在，无论走到哪里，无论在国内还是国外，我都会带上喜欢的娃娃，放在我的床头，那颗童真的心一直未曾丢失。

我的第三个梦想是成为一名歌手，但我的父母非常反对，在他们的认知里，只有读书考大学才算是有出息。父母跟我明确表态，不准我唱歌。但任何规则都阻止不了我唱歌，父母一走，我马上就开唱。那时家里唯一的电器就是一台老式的收音机，它成了我的音乐启蒙老师，我通过这台收音机学会了很多歌曲。

14 岁那年，一位从内蒙古来探亲的歌唱演员路过我家时，听到了我在院子里唱歌，他顺着歌声推开我家大门，并让我唱了几首歌给他听。他说我非常有歌唱天赋，但要想成为一名歌手，就得从山里走出去，外面的世界会有很多机会。

没过多久，我收到了这位老师寄来的信。在他的指引下，我远走他乡，来到内蒙古考取哲里木盟艺校，也非常幸运地考上了！从此，我便开始了一边歌唱、一边流浪的生活。

哲里木盟艺术学校在通辽市，那里有我向往的柏油马路和高楼大厦，我非常骄傲和自豪，觉得自己终于实现了梦想。毕竟，林区里走出来的孩子从没有见过繁华的城市，这里的一切对于我来说都是新鲜的、美丽的！

由于我在学校里表现得很突出，所以经常会被借到哲盟歌舞团参加小分队下乡演出，也就是去牧区，到蒙古包给牧民演出。给牧民演出通常是在室外，没有舞台，大家围在一起，只有简单的音响设备，但绝不失欢乐。牧民们都很热情，我是团队里年纪最小的，大家对我关爱有加，总是给我机会多唱几首。那时的我既害羞又自卑，但在大家的鼓励下一点点成长，除了上学就是排练，日复一日，日子没有什么特别的。

谁知就在这个时候，我之前没有康复的肺病又复发了，发烧，吐血，脸色苍白，身体无力。不久，我便收到了一封辞退信。到底是什么原因辞退我？我到现在也不明白。我只记得自己当时非常绝望，感觉好像一下子从天上掉到了地下，最重要的是不知道自己该去哪里，我绝对不想再回到林区，爸爸妈妈一定会把我关起来的。我一个人伤心地哭了好几天，也许那时我的年纪太小了，还无法承受这突如其来的打击吧！最终，我收拾了行李，再次踏上了火车，去投奔正在牡丹江工作的哥哥。一路上我的眼泪还是不停地流，觉得梦想破灭，没有未来，不知道明天该怎么办，该去哪里，我的内心一片迷茫。

哥哥在牡丹江造纸厂工作，是一名普通的工人，我暂时在哥哥的职工宿舍安顿下来。宿舍里的几位大哥都知道我会唱歌，经常在宿舍里开"小型演唱会"，我的到来给单调的宿舍生活带来了欢乐。一位大哥对我哥哥说，他有一个亲戚的朋友在辽宁阜新县文工团，他可以帮忙推荐我去考试。我和哥哥都非常兴奋，第二天我就上了火车。到了阜新，经过一番周折，才找到县文工团，我在那位叔叔的推荐下，在县文工团排练厅进行了面试和演出考试。团里领导和歌唱演员来了好多人，我顺利通过了考试。团里领导同意让我试用三个月，说这是新学员的规定，就这样，我被安排住进了团里的宿舍。

刚进团的时候，我感到很寂寞、很孤单。我没有朋友，非常想家，但我心里一直在告诉自己，一定要等有了出息的时候再回家。琴房是我唯一的去处，也是我情感发泄的出口，我每天从早唱到晚，不停地练习。

有一天，当我唱完了一首歌，身后响起了掌声，我一看，原来是团里的舞蹈演员娜娜夫妻俩。他们说自从我来了以后，他们每天在隔壁的舞蹈室都是听着我的歌声练基本功的，他们还邀请我去他们家吃饭，问我："为什么你这么小就一个人出来？妈妈怎么不陪你来？"

我说："妈妈不会来的，因为我家没有钱，再说爸爸妈妈都不相信我唱歌能有出息。"

"你不害怕吗？"

我说："怕，我很怕，但是我要唱歌！我家乡太偏僻，没有机会，我必须得出来，才有机会实现我的梦想。"

后来的日子里，他们给了我很多温暖和关怀，就像家人一样。可是突然有一天，他们来向我道别，说他们要调到洛阳市歌舞团了，我又一次伤心无助地哭了，因为我在情感上已经非常依赖他们，他们的离去让我瞬间觉得好孤独。

他们安慰我说，等他们到了那边之后，就推荐我去考试。他们走了之后，我陷入极度的孤独中，每天都盼望着他们的电话或者来信。时间一天天地过去，我的心情也由希望变成失望，正当我已经不再抱有幻想的时候，有一天，传达室的大爷突然喊我的名字："张咪，长途电话，洛阳打来的！"我飞快地跑向传达室……

就这样，我简单收拾了一下行李，离开了阜新县文工团，踏上了去往洛阳的火车。

　　我在娜娜夫妇的帮助下，成为洛阳市歌舞团的合同歌手。那时也是全国演出市场最活跃的时期，团里外出演出一两个月是经常的事。团里租了一辆大客车，演职人员自带行李和餐具，晚上演出结束后就睡在剧院的旅馆里，舞美人员睡在舞台的后台。一站一个城市，大家就像一家人，吃住行都在一起。没有华丽的舞台，从这个城市到那个乡镇，有时要坐上几个小时甚至几十个小时的车，非常辛苦。记得在一次外出演出时，我的脖子上长了一个囊肿，肿得很大。我在小镇上找了一个诊所，那个医生说有偏方能治好我的囊肿，他用烧红了的钉子在囊肿上扎了几个眼儿，然后用纱布将里面的脓血挤出来。因为没有给我打麻药，我疼得浑身都被汗水湿透了。即便这样，晚上我依然坚持演出，为了不让观众看到我脖子上的纱布，我就在脖子上围了一条纱巾来遮挡。后来每隔一个星期我都得去医院换纱布，每到一个地方要先找医院。这几个眼儿折磨了我半年多，至今我脖子上的疤痕依然清晰可见，所以我一直都需要戴项链来遮挡伤疤。

在一次演出中，我被北京电影乐团看中，于是我来到了北京。能来到北京演出，对那时的我来说是完全不敢想象的事情。天安门、长安街、长城、故宫，都曾是我在书本上读到的地方，如今就在我的眼前。北京电影乐团有大家熟悉的歌唱家，我能和他们一起演出，真是太幸运了！

北京，使我的事业又上了一个更高的台阶，但那个年代的人想法都很保守和传统，我当时努力的目标就是能成为一名正式的演职员，能拥有一个工作证，而不是一纸合同。北京电影乐团没有给新学员转正的名额，这时，青岛歌舞团向我伸出了橄榄枝，并承诺可以给我转正。于是，我又辗转到了青岛歌舞团。我在青岛歌舞团的记忆都是美好的、温暖的，团里的领导和同事都对我非常好，帮我刷墙、整理房间，带我逛街认识青岛。我很快就加入了巡演排练中，我们几乎演遍了山东大大小小的城市和村落。

一年后的一天，团里的人都去剧院排队买广州歌舞团的演出票，我也去了。那个时候，广州在大家的心里就像是好莱坞，所有流行歌手都向往能去广州，因为广州引领了流行音乐的先锋。20 世纪 80 年代末 90 年代初，流行音乐由中国的香港、台湾地区影响着内地，邓丽君、刘文正等港台歌星演唱的歌曲风靡整个中国，而距离香港最近的广州乐坛自然成了得到信息最早的地方。

演出座无虚席，晚会从开始到结束都充满了激情，观众在欢呼和掌声中无比兴奋，无论是歌手的演唱还是服装，以及灯光舞美都让人感觉前所未有的时尚与新鲜。我被深深地震撼了！以至于大幕拉上、观众离场后，我还坐在座位上未能醒来！我想，这才是我需要的舞台！

我鼓起勇气上了舞台，乐手们都在开始卸台了，我找到了正在后台忙碌的团长，说明了我的意愿，我希望他能给我机会听我唱一下。可能是我的勇气让团长感到好奇，他让音响师打开音响，让键盘手和吉他手给我伴奏，我唱

了《我爱你，塞北的雪》和《兰花与蝴蝶》，看得出我的
歌声征服了团长，团长留下了我的联系方式。

那天晚上我失眠了，心情很复杂，我多么向往能够登
上这个舞台，但同时我的内心又很忐忑。

离开青岛是很艰难的决定，我还记得青岛歌舞团的团
长对我说：这是一个很好的机会，我全力支持你去广州发
展，广州能给予你的机会是青岛给予不了你的，你还年轻，
应该去追求更好的发展！

就这样，我含泪告别了青岛和青岛的朋友们。

来到广州歌舞团，我被安排住在了团内一楼的宿舍。
宿舍里没有窗户，只能放一张床和一张桌子。我一时还很
难适应广州的语言和天气，一楼的房间是水泥地，由于气
候潮湿，地上永远都是湿漉漉的，衣服发霉，墙角淌水。
广州的消费水平很高，我每月的工资根本不够用，所以团
里的人每天晚上基本都需要去歌舞厅演出挣外快。那时的

广州比较排斥不会讲粤语的外地人，不会唱粤语歌的歌手没有歌舞厅愿意接纳。后来，团里的人介绍我去东莞的一家餐厅唱民歌，每天下午 5 点从广州出发，坐车 2 个多小时到东莞，晚上演出结束后回到广州通常都是后半夜了，每晚能挣 20 元钱。那时的我真的很能吃苦，无论多奔波、多艰苦，也没有怨言，我感觉生活就应该是这个样子的。

当港台流行歌曲席卷全国的时候，广州一下子掀起了翻唱风，对于能演唱标准国语歌的歌手来说就大有作为了。我们歌舞团隔壁就是广州唱片公司的录音棚，我接到了很多录音工作，我的演唱也迅速在广州音乐圈得到了认可。

1989 年底，文化部主办的中国十大歌星比赛在广州举行，那时像这样的歌唱比赛几乎没有，特别是文化部级别的。记得当时参加的歌手有韦唯、腾格尔、解晓东、那英、杭天琪等。我和那英住一个房间，我代表广州参赛，分数排名第二。

从此，我开始在广州歌坛崭露头角，参加各种重大晚会和全国性的演出。之后，我加入了广州太平洋乐团，当时的成员有：程前、陈汝佳、林萍、李达成、火风等，后来有了林依轮、甘萍、李春波、陈明等。广州太平洋乐团算是当年最火的乐团，没有之一。我们演遍了全国的各个体育馆，记得在上海我们一天演七场，观众排队买票，依然一票难求。那是我们最辉煌的巡演经历，我们不再住剧院的后台小旅馆，而是住星级酒店；不再坐大客车，而是坐飞机或火车。大家在一起非常快乐，非常享受每一场演出的欢呼和掌声，晚会从头到尾都伴随着尖叫声，每位歌手都是明星。

1990 年，我被广州电视台选送参加中央电视台青年歌手大奖赛，获得了专业组通俗唱法第一名。那一届的竞争非常激烈，当时参加的歌手还有解晓东、朱哲琴、张强、蔡国庆，民族唱法的参赛歌手有宋祖英、李丹阳等。

大奖赛后，同年，CCTV 播放了电视连续剧《公关小姐》，这部中国改革开放以来最早的商战剧、最早的职场

如果不是做歌手或许我
会去当一个时装模特儿。不
过，按严格的标准要求，作职
业模特我还显得嫩了一些。

我很喜欢戴墨镜，在镜片后看着世界，会
觉得阳光不再那么刺眼，会觉得一切都像处
在虚实的中间。我行。

张咪
自白

20 世纪 90 年代的音像杂志上刊登的我的写真

剧、最早的时尚剧，一播出就成为家喻户晓的收视爆款。我演唱的主题曲《奉献》也一炮而红。同名专辑《奉献》销量惊人，据说，当年新时代唱片公司就是用《奉献》赚的钱买了一栋写字楼。获奖之后，我成为央视的签约歌手，参加央视大型演出和晚会，演出更加繁忙，机场、酒店、体育馆、电视台成了我生活的全部内容。

1993 年，在那个封闭的传统媒体时代，我因为 CCTV 春晚热门选送歌曲《蓝蓝的夜，蓝蓝的梦》引发的所谓"争歌事件"一下被推到风口浪尖，漫天不实的报道令我背负骂名，被大众误解。对于一个 20 岁的女孩来说，这简直就是祸从天降，我一夜之间跌落谷底。墙倒众人推，我的爱情、生活、歌唱事业支离破碎。

几经挣扎，我才慢慢地从悲痛绝望中爬起来自救。我在江苏电视台的帮助下，将自己 14 岁时带着 25 块钱从林区出发追寻音乐梦想的成长故事，拍摄成了 8 集音乐励志电视剧《孤星》。这部电视剧于 1994 年在 CCTV 播出并获得巨大反响，片头曲《嘿！听我唱这首歌》、片尾曲《和我一起飞翔》也成为我的经典代表作。然而，电视剧的热播并没有给我带来更多的希望，无奈之下，我只能变卖房产，带着遗憾选择出国，去寻找更多的发展机会和创作灵感。

出国之后，一切对我来说都是全新的开始。远离祖国，到了一个完全陌生的环境，没有人认识你是谁，周围都是陌生人，不用化妆，也不用穿高跟鞋，不用时时刻刻保持完美。那段时间里，我开始顿悟：人的成功不过都是过眼云烟，无论你多辉煌，其实都是暂时的。在国外的生活虽然有点碌碌无为，但我放下了所有的面具，也回到最本真的状态。当时我所面临的最大的问题就是语言障碍，那时我只会说"thank you""hello"。刚到国外时我住在朋友家，一切都得靠朋友，朋友上班后我连门都不敢出，这让我认识到必须学习英语，于是我买了很多书，开始自学英语。

维也纳是奥地利的首都和最大的城市，也是欧洲主要

红毯上的我

的文化中心，被誉为"世界音乐之都"。

　　与欧洲音乐人合作，与维也纳交响乐团合作，提高了我对古典音乐和流行音乐的修养。为了能够演唱原创的英文歌曲，我每天练习发音。由于专注于发音，又忽略了情感的表达，所以，要想把英文歌唱得像老外一样，实在是太难了！我常常对自己说：只有挑战自己，才能发现自己的潜能，才能成长！我像着了魔一样，每天在录音机前反复练习。最终，我制作的原创英文专辑 *Made in China* 呈现了东西方文化元素结合的特质，我的音乐及演唱，引起了欧洲 EMI 唱片公司的兴趣，并与我签了唱片合约，我由此成为欧洲最大唱片公司 EMI 第一位签约的亚洲流行歌手。

　　在那些奔波流浪的岁月里，在那个对爱情、对生活懵懵懂懂的年纪，我放弃了美好的前程，成为妻子，成为母亲。在生活的艰辛中我被现实教育着、成长着、思考着，最终我感悟到，爱情只是生命中的一部分，而不是全部。女人一定要生活独立、思想独立、经济独立。这世界上唯一能依靠的就是自己，唯一属于自己的人是自己，将事业

舞台上的我

掌控在自己手里的人，就算有一天全世界都抛弃了你，至少还有事业不会将你抛弃。

于是，我把全部精力都放在了事业上。我14岁那年带着25块钱离开家，直到今天，从没有花过男人一分钱。我的车、我的房子、我的财富，都是靠自己得到的！我一边赚钱，一边投资自己的音乐。我的音乐背后是泪水和汗水，我不求人、不应酬、不屈服于潜规则，一直默默地做真实的自己。我觉得我活得有尊严，我为自己骄傲！我一直在努力做一个拥有独立人生的智慧女人，做一个对社会有价值的女人，做一个值得被爱人和朋友尊重的女人！

领奖台上的眼泪

1990 年，我被广州电视台选送参加中央电视台第四届青年歌手大奖赛。

与此同时，我的妈妈被确诊患了脑部恶性肿瘤，从老家伊春转至北京治疗。当我赶到妈妈的病床前时，她已经没有意识了，只是静静地躺在那里。我跪在床头拼命地呼唤："妈妈……妈妈……我是咪咪啊！"但是无论我怎么呼喊，妈妈都没有任何回应！我怎么都不能相信妈妈竟然病到这个程度，为了让我安心奔事业，她一直都隐瞒着自己生病的消息，现在她躺在病床上，任我千呼万唤，都不能再说一句话。我抱着妈妈已经被剃光的头，看着妈妈煞白憔悴的脸，再也控制不住自己，声嘶力竭地哭喊，好像有千万只大手在撕扯着我的心……

我的妈妈一生朴实善良，在我的记忆里她一直是个非常坚强的人，在那个物资匮乏的年代，为了一家人的生计，她每天起早贪黑地忙，拉扯我们兄妹三人长大。她为了我们这个家，为了我们兄妹三人无怨无悔地忙碌着。

当爸爸与亲友们抬着妈妈从山沟来到这个陌生的大都市时，他们举目无亲，焦急万分。虽然妈妈已经处于危重状态，但因为医院没有床位，妈妈只能被安排在医院的走廊里加床。我们全家八口人挤在距离医院不远的一家私人小旅馆里，院子里有一个炉子，我们每天就用炉子下一点挂面吃，但是谁都吃不下。三月的北京依然很冷，妈妈住在医院的走廊里一定更冷。我们每晚轮流陪护着妈妈。

就在此时，大奖赛的全体参赛者都集中到了北京，所有歌手都集中封闭在空政大院，比赛期间不允许单独行动，管理非常严格。我向大赛组委会说明了妈妈病危的情况，得到允许在没有比赛安排时可以去医院陪护妈妈。

一天傍晚，弟弟从医院跑回来拼命敲门："快，妈妈不行了！"我的心快跳出来了，两腿发软，浑身发抖，甚至连楼梯的台阶都迈不上一步。妈妈被医护人员匆匆地推进了手术室，医生告诉我们手术成功的希望很小，我们全家人蜷缩在楼梯口等待着消息，那气氛简直让人窒息。我们就这样焦急痛苦地熬过了五个多小时，医生终于从手术室走了出来，我们飞快地奔向医生，医生说：做最坏的打算吧！

手术后妈妈仍然没有醒来，虽然呼吸和心跳没有停止，但她已经成了植物人。妈妈身上被插了很多管子，每天靠打营养液维持生命。看着妈妈的样子，我伤心欲绝，内心默默祈祷：求求老天，让我妈妈醒来吧！

最残酷的是，此时比赛正在进行，我一边在医院陪护妈妈，一边还要面带微笑地在台上歌唱。这将我的心撕成了两半——一半悲伤痛苦，一半压力重重。我通过了初赛、复赛，而且成绩非常好，我把内心最悲伤最无助的情感都融入了歌曲里，我的眼泪在音符里行走。

终于到了决赛这一天，但是妈妈的情况也日益严重，我心里总是有种不祥的预感。我的心情很复杂，再也承受不住了，甚至决定不参加决赛了。我找到广州电视台的宁主任，说了我想放弃继续参加决赛的想法，他说：你这一个月最艰苦的比赛都坚持下来了，而且成绩也非常好，如果你放弃决赛能治好你妈妈的病，那么我支持你！我想你的妈妈也不希望你放弃比赛，她肯定最想看到的就是你能站在领奖台上，那才是她最欣慰的。

听完宁主任的话，我擦干眼泪，来到中央电视台比赛演播大厅。其他的选手都在忙忙碌碌地准备着，而我却把自己关在化妆室里，心里空空的，就那么静静地呆坐着……

主持人喊我上场时，我都不知道自己是怎么上去的，满脑子都是妈妈的样子。此时我最想的就是赶紧演唱完回去看妈妈。我演唱完我的参赛曲目后，听着主持人在报分数：97.4 分，98.6 分，97 分……最终，我的分数排在了第一！

当主持人宣布我获得了全国青年歌手大奖赛冠军的时候，我再也止不住眼泪，全身颤抖，在领奖台上，我哭了！哭得很委屈、很心痛、很恣意！大家都以为我是拿奖后激动得流泪，殊不知，此时我的脑海里全是妈妈躺在病床上的画面，心里想着：妈妈，我拿奖了，你一定要挺住啊！

人生有时候就是这样充满戏剧性与无奈。就在同一天里，我站到了最高领奖台，却永远失去了至亲！妈妈没有来得及跟我分享这份荣誉，也没有给我尽孝的机会。人生最大的悲哀，莫过于子欲养而亲不待！巨大的失亲之痛，让我全无夺冠之喜，连奖杯至今都不知道遗落在了何处。获奖后很长的一段时间里，我深陷悲痛之中，不能自拔。走在路上看到和我妈妈一样年纪、一样发型的人，我就会心痛，觉得我今天的荣誉也许都是妈妈用生命换来的！

半年以后，记得在南京五台山体育馆的一次演出，我一出场观众就起立欢呼，那时，由我演唱的电视剧《公关小姐》主题曲火遍了大江南北，基本上每到一个地方都是必唱曲目。演唱了三首歌之后，我讲了一段话，我说道：相信大家都记得我在青歌赛获奖的时候在舞台上哭了，很多人都以为我太激动了，今天我告诉大家，就在那一天，我的妈妈去世了，永远离开了我……现在我想唱一首关于妈妈的歌，献给我的妈妈以及全天下的妈妈们。这首歌的名字叫《烛光里的妈妈》……

音乐响起，整个体育馆里星光点点，大家挥动着手中的打火机，我唱到一半已经泣不成声，台下所有的观众一起大合唱帮我唱完了这首歌，这是我永远不会忘记的一次演出。

20世纪90年代，全国只有那么几个电视频道，春晚和大奖赛几乎是全国人民必看的节目，所以直到今天，我在领奖台上哭泣的镜头，很多观众依然记忆犹新。

孤　星

　　《孤星》在我的人生道路上也是不能不提的重要一笔，承载着我很多的回忆与梦想。

　　1993 年，我去江苏电视台参加晚会，一个偶然的机会，我认识了导演李路，也就是前两年火爆荧屏的电视剧《人民的名义》的导演。在交谈中，我讲述了自己的成长奋斗故事，李路听后便萌生了将我的故事拍成音乐电视剧的想法，这一想法得到了台长苏子龙的支持，很快就进入创作中。剧本创作完成后，眼看开拍在即，却没有资金，我和李路便开始四处奔波去拉投资，我们乘坐长途汽车，辗转云南、海口等地，经过几个月的努力，资金终于到位了。

《孤星》是依据我的故事为原型而改编的，我在剧中饰演自己，邵兵饰演我的男友。之前我一直认为演戏是很简单的事，尤其是演自己，应该更得心应手。但是实际开拍后我才知道，最难的不是演别人，恰恰是演自己。

记得第一场戏是在广州一家日本餐厅与申军谊的一场戏，我当时完全是一头雾水，真正到了现场和自己想象中的完全是两回事，我非常紧张和不自信，看申军谊拍摄基本拍两条就能过，而我却完全不知道该怎样去表演。申军谊坐在我对面，帮助我对台词，带着我慢慢进入角色。在大家的鼓励和帮助下，第一场戏总算顺利过了。

为了再现我小时候家乡的情景，剧组在东北找到了一个几乎和我家乡一样的村子，到了那里后我仿佛一下穿越回到了童年。大雪纷飞，北风呼呼地吼叫着，东北的气温低至零下 30 多度，我化的妆都不能贴皮肤。拍摄在雪地里奔跑的戏时，鞋里全是雪，就连摄影机也经常被冻得不能正常运转。就这样，经过十几天的努力，我们终于完成了东北的拍摄。

摄制组辗转多个城市，从东北到广州，从浙江到北京……记得在北京拍摄我当年参加大奖赛的镜头时，解晓东和那英都来帮忙出演。在全剧组的努力和朋友们的帮助下，这部电视剧终于圆满地完成了拍摄。

1993 年底，《孤星》在央视及全国各地电视台一经播出，迅速引起关注，获得了成功，在当年获得优秀电视剧奖。李路导演也凭借这部处女作，获得了优秀导演奖。我则成为中国第一位把自己的故事搬上荧屏并出演自己的女艺人，甚至片中我的短发造型也获得了女性朋友的广泛追捧，"张咪头"一时间成了时尚潮流。

A SOLITARY STAR

电视连续剧·中国江苏电视台摄制
A SERIES OF CHINESE TV PLAYS · PRODUCED BY JIANGSHU TV STATION, CHINA

当年《孤星》的海报

逆境重生

　　2011年，由维也纳制作人、英国导演共同打造的音乐剧《中国一夜》在北京开始了前期筹备制作，我在剧中担任演唱，制作录音时帮忙做翻译。我当时的"朋友"来到录音棚，听了《中国一夜》的音乐和相关理念，非常激动，并与制作人艾迪签订了合作合约，双方共同投资150万元人民币。由于双方都是我的"朋友"，对我表达了信任，便提出以我的名义设立专款专用账户担保，由艾迪公司的会计管理。我本是出于好心帮"朋友"的忙，但令我万万没有想到的是，最后这却成了我的噩梦，成了让我一生都难以释怀的痛。

由于英国导演对中国文化并没有太深的了解，几次修改剧本，拖延了排练时间，对方便提出撤资。因为当初双方签订了合约，外方认为自己并没有违约，怎么可以中途撤资？而"朋友"认为项目是我介绍的，就得由我来负责，让我把钱退还，否则就让我身败名裂。

2011 年 8 月 23 日，我去机场准备飞往温哥华，我的车刚刚停下便突然被一群记者和摄影机团团围住。我当时不知道发生了什么，就在车里打电话报了警，机场派出所的警察认出了我，便请我和他们一起到办公室说明情况，因为当时外面已经聚集了很多围观的人，很不安全。这时，我看到这位投资人"朋友"对我破口大骂，说我是个骗子，要携款潜逃等等，还撕坏了我的护照……

我和机场警察去办公室的路上一路被拍。第二天，各种博人眼球的大标题"张咪诈骗，机场被捕"等不实报道，遍布整个网络。就这样，一场原本很简单的合同纠纷，被演绎成了"诈骗"。当我回到录音棚想找老外出来解决问题时，才发现录音棚里几百万元的设备已经被搬空，甚至连我的家具也给搬走了，而制作人、导演也早已离开了中国，从此再也联系不到他们。于是我便成了连带责任人，被牵扯进了合同纠纷案中。

　　那段时间，我整日被误解和谎言包围着，几次想到自杀，觉得人性太残酷，有些人太不讲道理！我的律师一直鼓励我，让我相信正义，让我坚持，事实一定会还我清白。铺天盖地的所谓的"诈骗门"新闻给我和家人带来了极大的困扰，也让我的生活和事业陷入低谷。虽然时隔多年，此时我在写下这些字的时候手依然是抖的，控制不住的眼泪打湿了草稿。这件事几乎要了我半条命，它给我带来的伤害，让我一辈子都难以释怀！

在律师的帮助下，我不得已把她们告上了法庭。外方合同方再未在中国出现过，每次开庭外方都是缺席的。为了尽快了结这无休止的纠缠，我作为连带责任人，第一时间向法院交了78万元替外方承担了这个责任。就这样，这件所谓的"诈骗门"事件彻底了结。虽然我打赢了名誉侵权的官司，但早已身心俱疲！至今仍然有很多人不明真相，对我怀有误解。

在那四年里，我无数次被拒绝，无数次的努力却以无奈告终，我没有了工作、没有了收入。为了生存，为了找机会再做音乐，我不得不卖掉北京三里屯黄金地段的两套房子，但我心里只有四个字：绝不放弃！

在经纪人杨波和我共同的不懈努力下，我终于重新回到了舞台。

但命运似乎总是在和我开玩笑，当我历尽千辛万苦，

好不容易站起来时，另一个考验又来了——癌症晚期！

无论怎样，我都是幸运的！因为像我这样一个出生于偏远而又贫寒山区的小女孩，靠自己的努力，成为一名歌手，拥有那么多人的尊重与爱，拥有美好的生活。我感恩生活所有的给予，无论是好的还是坏的，那些都是我生命中最精彩的片段。在那些睡不着的夜晚，触摸聆听最真实的声音，如同都市夜空的星星，在那个属于自己的世界里泛动。

在人生的旅途上，不在乎多少次跌倒，重要的是你将用什么样的心态重新站起来，在绝望中寻找希望，并在无数次失败后依然相信世界的美好。

CHAPTER 06

敬 畏 癌 症
但 绝 不 妥 协

大海也有十字路口／她的夜 会迎来日出的时候／让我牵着你的手／经过风浪的你我／更明白喜悦杯中酒／当我看过了千万种海市蜃楼／寻找心的答案／梦想中的彼岸／却藏在这平凡

　　　　　　　　——海上星光（梁芒、仲衡词／仲衡曲）

和癌症病友的分享

如果你希望一切都能变得更加美好，就从改变自己开始。

虽然生命只有一次，但任何人都可以从现在开始改变，创造一个全新的结局。在这里，我很想与癌症患者朋友分享几点心得——

一、心态

"我决定不死了。"

当我得知自己已经到了癌症晚期的时候，我的脑子一片空白，心里充满了绝望、委屈和恐惧。当我看到家人因我而痛苦、朋友因我而悲伤的时候，我问自己：难道我就要这样离开了吗？不！我不甘心！我还年轻！我还不想死，我要与病魔赌一次！这只是上天对我的考验，命运永远都在我自己手里，只要你不认输，命运就会给你翻盘的机会！在死亡面前，你没有别的选择，只有接受现实，学会勇敢和坚强！

在科学不断发展的今天，癌症不再是死神，它仅仅是一种慢性病而已，需要我们用耐心、用时间、用坚强和坚持去战胜它。在最黑暗的时刻，一定要乐观，要相信科学，相信医生，积极配合治疗。很多人不是死于癌症本身，而是死于对疾病的恐慌和畏惧。当你坚强的信念不被负面情绪牵动时，你会发现，你的想法变了，你的世界就会改变。

千万不要说：这很难，我不行，我快要死了，我做不到！

不，这并不难，你可以！你够强大！你能做到！

生命对你来说才刚刚开始，只要不放弃，你就会成功！你今天所感受到的痛苦，正是明天你感受到的力量！

来挑战自己一次！来和病魔对抗一次！来为爱你的人再好好活一次！先战胜自己，你就可以战胜病魔！你会成为你孩子的榜样、你身边人的榜样，你的生命会放射出夺目的光芒，加油！

二、饮食

对于癌症患者来说，营养的补充尤为重要，有40%—80%的癌症患者存在营养不良，大约20%的恶性肿瘤患者会直接死于营养不良。癌症患者最好的饮食方案就是多样化，营养均衡，不要挑食，保持每天都有蔬菜、水果、五谷类，吃含有维生素C的食物，常喝蜂蜜水、姜水、柠檬水等。

不要吃糖，尤其是白砂糖和甜品，据说癌细胞最喜欢糖，那是它生长的养分。不喝碳酸饮料，远离吸烟的人，拒绝二手烟。

油炸食品、动物油、动物内脏这些属于高脂肪的食物，建议少吃。

三、不要乱投医，不要乱吃保健品

找对医生很重要！

在治疗过程中，要时刻体会和观察自己的身体变化和病情变化，及时向医生沟通汇报。每次就医时，要抓住就诊的重点，向医生描述你当前最为困扰的症状和你最想解决的问题。

我生病后才知道，原来市面上有那么多抗癌保健品。保健品不是药品，这是显而易见的，但是患者往往会病急乱投医，这也是在所难免的。我想提醒大家的是，对待保健品一定要理性，有些虚假广告里宣传的产品只是为了牟取暴利，欺骗癌症患者，千万不能过于迷信。癌症目前没有特效药，世界上也没有万能药，只有接受专业的治疗，才有机会治好。药补不如食补，吃得好，睡得好，心情好，才是硬道理。

四、不良反应

得了癌症是一定要经历痛苦的！

放化疗后的不良反应各种各样，包括头晕、呕吐、疼痛等等。在这期间要尽量保持少动，饮食要吃一些清淡的食物。

化疗、放疗是把双刃剑：杀死了癌细胞的同时也损伤了好的细胞。血小板降低、白细胞降低，都是正常的，不要急，不要过于担心，等到治疗结束，一切都会随着时间的推移慢慢地恢复。

要有毅力和耐心，要相信一切都会好起来的。对于很多女性朋友来说，掉发是很难以接受的，在结束放化疗三个月后，我的头发就长出来了，但都是毛茸茸的贴在头皮上。我做了专业的头皮护理，经过一段时间后，我的发质得到了很大的改善，现在头发比以前还光滑油亮。

五、适度锻炼

如果你的双脚还能自由行动，那就不要一直躺在床上。生命在于运动，每天要坚持散步，做一些简单的运动。不要一直把自己当作病人，可以适当做一些家务，听听音乐，扭扭屁股跳跳舞，这些都是保持心情愉悦的方式。

六、调整生活方式

从现在开始，把那些不健康的生活习惯全部丢掉——抽烟、喝酒、熬夜……这些事情坚决不要做了。给自己规划一个新的生活方式，提高免疫力，保持充足的睡眠，多晒太阳，保持愉悦的心情。

七、战略上藐视，战术上重视

我在放化疗结束后，就一直在吃中药调理。中医药对肿瘤手术、放化疗后的一些毒副作用可以起到一定的辅助治疗作用。你可以根据自己所患癌症的种类及病情，选择对治疗你的病擅长的医生，对症下药。

在这里我要特别感谢：北京中医药大学第三附属医院的黄金昶主任、北京通州中西医结合医院院长苏凤哲教授。感恩两位专家在我生病期间给予的治疗和帮助！

对于癌症，战略上要藐视它，不惧怕它，但在战术上，一定要重视它。其实，癌症患者不用想着一定要治愈，彻底攻克，这其实是不现实的。当我们放平心态与癌细胞和平相处，能够带病长期生存，就已足够了。

> 那些打不倒你的，终将使你更加强大；
> 那些使你痛苦的，都是来成就你的。
> 接受所有现实，感恩所有遇见，善待所有未来！

有质量地过每一天

　　就算生病，就算离死亡最近的时刻，也要有质量地过好每一天。痛苦也是一天，开心也是一天，我选择开心地、有质量地去过剩下的每一天。

　　住院的时候，每天早晨梳洗之后我就开始打扫房间，病房的边边角角我都擦一遍，洗手间都是买的一次性纸巾、

生活环境会影响人的心情，我把病房装饰得
像家一样温馨，到处都是鲜花和香薰，沙发
的靠包和枕头也都换上了我喜欢的颜色

马桶垫，洗手间的地面被我擦得光可鉴人。我还在病房和洗手间都点上香薰和蜡烛，鲜花和香水也是必备的，从我房间走过的人都可以闻到香薰的味道。沙发的靠包和枕头也都换上了我喜欢的颜色，病房被我装饰得像温馨的家一样，连护士都说，他们从来没有想象过病房可以这样漂亮和温馨。我之所以要这样做，是因为我相信生活环境特别影响人的心情，所以我要创造一个干净舒适的环境给自己。

出院在家休养的时候，每天从早到晚，所有的家务都是我自己做，我从来没有请过阿姨，无论是从前还是生病期间。我特别享受打扫房间的过程，做家务是我的乐趣，生病期间我也不能去健身房锻炼，就把做家务当作健身了。

病魔把我折磨得面目全非，刚开始的时候，我不敢照镜子，无法接受自己的样子。当我慢慢学会微笑，坦然面对自己的时候，也慢慢接受了自己的样子，常常安慰自己：没关系的，一切都会好起来的。

床头的鲜花和镜子，显示出主人
从来没有放弃对美的追求

有时候，生活会给我们一些无法改变的难题，我们只能选择勇敢地面对，也许改变不了结果，但是我们可以享受过程。

鼓励的魔法

很多病人一旦患上癌症，病人和家属就自然而然地将所有的事情都交给了医生，其实，医患之间、医生与患者家属之间的配合也是尤为重要的。在得知自己患癌后，患者心灵上的无助其实比身体的疼痛更难以承受。面对突如其来的噩耗，患者一时之间都无法接受，内心痛苦至极，这个时候家人的开导、陪伴与鼓励就相当重要。

在我病重期间，哥哥、嫂子、弟弟、弟妹，都来到北京，家里住满了人，以前我们从来没有机会聚得这么齐过。其实，大家都在承受着同样的痛苦，这个时候的鼓励尤为重要。家人经常鼓励我：

　　"哇！你今天气色真好！"

　　"你今天好像好多了。"

　　"你很坚强，真的很棒！"

　　现在医学这么发达，家属可以从科学依据上着手，给患者安心，因为癌症患者更相信实实在在的案例和榜样。这一点杨波做得特别好，在我患癌之后，他查了很多文献资料，搜集了很多抗癌成功的案例和视频，每次来病房都读给我听，或发给我看，包括我化疗所用的靶向药，他都查了很多资料，告诉我这种靶向药的原理以及很多治愈的案例。

　　这些看似简单的鼓励，对于病人来说都是强心剂，病人听着这些话，内心也会有潜移默化的改变，慢慢地增强信心。这种精神力量和心态变化都会对治疗起到很积极的作用。

家人的情绪也特别重要：你若开心，病人也会心情放松；病人开心了，家人也会开心。所以这是一个良性的互动循环，家人和病人需要互动起来，积极乐观地配合医生治疗，这样才有机会战胜病魔。

生命在于运动

　　运动，一个有关健康的永恒话题。经过这场生死经历，我更加觉得保持良好的生活习惯、健康营养均衡的饮食，以及乐观开朗的性格是非常重要的。运动不仅可以促进脂肪燃烧而达到减肥的效果，还能促进癌细胞凋亡，也是活化自然杀伤细胞的良方。

　　记得我第一次进健身房是在 1992 年的夏天，虽然我有时也会由于各种各样的原因断断续续地锻炼，但健身房依然是我最熟悉的地方。每一个从事健身运动或者正在健身的人都知道，锻炼往往是很难坚持的，有一句话说得好：生命在于运动，运动在于锻炼，锻炼贵在坚持！锻炼更多的是靠毅力，靠不断地说服自己去坚持，当健身融为你生活的一部分的时候，你便已经离不开它了。

　　每当别人惊讶地问我是如何保持身材 30 年不变的时候，我就会说：美丽是需要付出代价的！我也是一次次地说服自己战胜惰性。健身对我的影响很大，它让我释放情绪，也让我保持乐观的心态。由于我是歌者，同时也做模特，所以对身材的保持有极严格的要求，尤其像我这样的年纪！我绝不能接受自己变得臃肿或者肥胖，从 20 岁到现在，我的三围尺寸几乎没有什么变化，我对自己很苛刻！

　　生病的时候，身体状况不允许我去健身房做高强度的运动，但我还是会做一些力所能及的运动。我在家里一直处于运动状态，擦地板，洗衣服，做饭，看电视时通常会做仰卧起坐，在家做瑜伽也相当好，每天还会到楼下散步走几圈……总之，别躺在床上把自己当病人，要动起来。

刚出院的那段时间，因为身体比较虚弱，所以我就在家躺着，在沙发上坐着，但是我发现，越躺着越没有力气，精神状态极其差。我觉得这样不行，应该动起来，就每天坚持下楼走路。刚开始的时候我绕着小区走半圈，逐渐增加到一圈、两圈，坚持一段时间后，我发现，我的精神状态好了很多，身体也没有那么虚弱无力了。

对于癌症患者，尤其是正在接受治疗的患者来说，通常医生都建议休息，减少日常活动来避免疲劳。然而，如果长期不活动，会诱发肌肉萎缩，会导致体力和耐力的进一步损失。很多患者不相信运动可以改善疲劳的症状，其实，身体锻炼确实可以提高身体功能，降低日常活动所需的体力，减少疲劳感。还有一个锻炼的好方法就是逛街，大大小小的商店逛一小时，看着琳琅满目的商品，时间很快就过去了，你也不会觉得累，这也是让自己动起来的锻炼方式。

健身房是我最熟悉的地方

达·芬奇曾说过：运动是一切生命的源泉。坚持运动，不仅锻炼了我们的身体，也锻炼了我们的心智。坚持不懈运动的人，他的生活比一般人要规律，他的心态也比一般人要平和。

人生没有白走的路，每一步都算数。人这一辈子只有这一副身体，它是我们最珍贵的宝贝，我们一定要爱惜！运动可以提高我们的免疫力，让快乐充盈我们的家庭，让我们更好地享受未来的每一天。

附上我锻炼期间的食谱——

早餐：小米粥，加大枣、枸杞、山药或红薯，鸡蛋2个；

午餐：青菜或沙拉、豆腐、鱼肉或鸡肉、米饭或面条；

晚餐：各种蔬菜，胡萝卜、南瓜、红薯、土豆煮熟蘸调料吃，煎三文鱼、蘑菇。

市面上绝大多数饮料都含有大量糖分，而糖是癌细胞的养分，所以我的饮料只有茶和水。在家我会调制各种各样的花茶，比如玫瑰排毒茶、菊花枸杞明目茶、石斛茶等。每天的水果必不可少，苹果、热带水果都属寒性，可以蒸熟后再吃，养分不会丢失，对癌症患者或者女性朋友比较好。

以上是我锻炼的一点心得体会，生命在于运动，你准备好了吗？

美丽是需要付出代价的！从 20 岁到现在，
我的三围尺寸几乎没有什么变化，我对自己
很苛刻！

奇迹需要去争取

　　我一直觉得自己永远是自己的操盘手，命运的底牌也要自己来翻。然而，查出罹患癌症之后，我有过一段时间的消极情绪，甚至给自己安排好了所有的后事。夜深人静的时候，我躺在病床上，想着自己一辈子为之拼搏的事业，想着家人，难道真的就这样离开了吗？就这样走真的甘心吗？不，我不甘心！我不要就这样走，我还有很多事情没来得及做！我一定要和命运斗一次！既然已经这样了，难道还会比这更糟糕吗？

在我拿到确诊报告的那一刻，我整个人都崩溃了——为什么是我？我该怎么办？未来对于我来说一片渺茫，一时间我感觉天都塌了。因为被误诊耽搁的几个月里，我已经失去了很多有利的治疗机会，其实医生也只能抱着试试看的态度了。

一般对于癌症患者的治疗方法无非就是手术以及放化疗，但是因为我的情况特殊，肿瘤侵袭面积太大了，如果接受手术，那么我的右边脸以及舌头、下颌骨都要全部切除，这样的方案我是无论如何都不可能接受的！所以一开始我只能接受保守治疗，看最后的结果再决定是否手术。

化疗的那些副作用我还能承受，对于我来说，放疗真的很痛苦，我能想到的词就是"活受罪"。因为我是口咽部肿瘤，一共需要放疗33次，当进行到第十次的时候，我的口腔、咽部已经全部溃烂，别说吃饭喝水，连说话都不行，那种钻心的疼，到现在我还记忆犹新。

说实话，那段时间我也曾想过放弃，真的实在挺不住了，放疗的痛苦已经远远大于肿瘤所带来的痛苦，每次喝水对我来说都是巨大的心理挑战，仿佛咽下去的是玻璃碴子。我的整张脸以及脖子，我都不敢直视，不敢照镜子，就像鬼一样！

我每时每刻都被痛苦包围着，心里想：算了，不治了，爱怎样就怎样吧！真的太痛苦了！但是转过来又会想：如果此时放弃，那前面的努力不是全都白费了吗？不行，我要坚持！我想要活着！只要还有一线生机，我就决不会放弃。明天继续！就这样，我坚持做完了放疗。

放疗期间遇到的一个人也对我产生了很大的触动。做放疗需要刷卡、排队，然后等候叫号，一个阿姨引起了我的注意，每次她都是一个人来一个人走，还总是乐呵呵的，一来二去我们就熟络了。她是北京人，老伴三年前就去世了，只有一个孩子，在国外工作。阿姨住得远，每次都是自己坐公交车过来做治疗，需要倒两次车。

我问她：为什么不让孩子回来陪着呢？在这个时候孩子更需要陪在身边啊！

阿姨说道：不想麻烦孩子，孩子在那边工作也不容易！

听她说完，我忍不住流下眼泪。当我得知她患过三次不同的癌症时，我真的好心疼她！但是她却完全没有被癌症打垮，仍然谈笑风生，积极乐观，不像我们想象中的癌症患者那样愁眉苦脸，怨天尤人，而是以一种积极乐观的心态对待。

我现在仍然记得阿姨说的一句话："胆大就活，胆小就死，死比活着容易！"是啊，多么质朴的一句话，却蕴含了坚强不低头的傲气！

在经过了化疗、放疗、靶向治疗后，我的肿瘤竟然慢慢都消失了，我真的不敢想象，治疗结束后再去复查，已经完全看不到任何肿瘤了，相比第一次的片子简直是不可思议！当我的医生告诉我不再需要手术的时候，我喜极而泣！我很庆幸自己坚持下来，我能继续活着！活着真好！

对于我来说这简直就是奇迹！

　　其实，所谓奇迹，就是用行动去缩小实践与认知的距离，跨越之间的障碍，就会创造出很多意想不到的结果。在抗癌路上，除了配合科学治疗外，自己一定要积极乐观，坦然面对，因为只有自己不断强大起来，才能有希望战胜病魔。就算是挣扎，笑着挣扎也比哭着好！只要不放弃，尽全力，也许奇迹就会在下一秒发生！

敬畏癌症，但绝不妥协

　　每当回忆起那段抗癌的经历，我的内心还是会不由自主地难过。有一天，老公对我说：你应该把你的这些抗癌经历写出来。我马上拒绝了，原因是我实在不想再重复一遍伤痛的回忆。那个过程真是让我心有余悸。

　　治疗全部结束后，我回家静养期间，一个做教育的好朋友今心特意从南宁飞来看望我。当他听了我抗癌的整个过程后，说道："咪姐，你一定要把你的经历写出来，你知道中国现在有多少人、多少个家庭，正面临着癌症的煎熬吗？你知道每年有多少人死于癌症吗？你不是为你自己写，是为了全国所有癌症患者以及家属，为他们请命！"听完他的话，我感动了！我觉得他说的很对，我应该写出来，希望同样罹患癌症的病友看到我的文字，能给予他们力量，能够鼓励他们坚持到底！

我从年初开始提笔写，写写停停，中间一再搁置，心情真的很复杂。说出来的时候也许是云淡风轻的，但是每一次回忆都令我内心久久不能平静。无数次泪水打湿了草稿，无数次放下笔失声痛哭……或许，只有经历过的人才会明白那种绝望和痛苦，而回忆又让我再一次重温痛苦。

现在中国每65个人中就有1名癌症患者，每年有超过400万人被确诊为癌症，每天有超过1万人被确诊为癌症，每分钟有超过5人死于癌症，中国癌症发病率和死亡率位居全球第一。有很多人、很多家庭也许正面临一场和癌症的正面交锋，经历着绝望、恐惧和煎熬。我作为一个抗癌成功的幸运者，把我这段抗癌的心路历程写下来，与大家分享，希望能给更多的病友及家属力量！

其实在整个抗癌过程中，病人都会经历那么几个阶段：得知患癌时的恐惧与无助，治疗时的煎熬与痛苦，恢复期的忐忑与不安，反反复复，内心像坐过山车一样，总是起起伏伏的，所以调整好心态就尤为重要。有一句话相信很多人都听过：癌症不是病死的，而是被吓死的！我们要相信科学，相信医生！既然已经发生了，就选择欣然接受。癌细胞也是我们身体的一部分，我称它为"调皮的细胞"，不要总想着把它消灭掉，在治疗期间，我经常和它对话："'小瘤子同学'，你赶紧跑吧，不是我要杀你的，是你实在不适合在我的身体里，咱们要和平相处，不要互相伤害呀！"每次说这些的时候，我总感觉它能听到，在悄悄地溜走！当然，这只是一种自我安慰的方式，但是这种心态也许就在潜移默化地改变着结果。

在住院期间，我唯一的运动就是在肿瘤内科病房走廊溜达，我遇见过形形色色的病友，有的脾气暴躁，有的怨天尤人，有的萎靡不振，有的哭天抹泪，有的积极乐观，还经常能听到一些病友在和家人、护士发脾气。身体患癌并不可怕，最可怕的是思想上患癌。随着医学的发展，许多癌症已经不是绝对的不治之症。无数的案例表明，积极的精神状态能提高患者的免疫力，达到更好的治疗效果。只有热爱生活，端正态度，生命才有更大的力量去对抗疾病。我们敬畏癌症，但绝不妥协！

从我被确诊为癌症晚期到我写这篇稿子时整整经过了380天，我经历了绝望恐惧、痛苦煎熬、死里逃生，这场病痛让我深刻体会了向死而生的意义。

2020年7月10日复诊结果：PET-CT检查一切正常，肿瘤标记物和血常规检查各项指标正常。不管未来会怎样，我将永远热爱生活、感恩生活！癌症或许耽误了我生命的一段时间，但并不影响我尽情绽放应有的美丽！

CHAPTER 07

活 成 一 道 光

岁月蒙上了尘土/掩埋了脚步/迷茫的白鹭/找不到回家的路/秋天的两岸/萧瑟的干枯/有一个人/默默地祝福/菩提树啊菩提树/你了解我心中的痛苦/菩提树啊菩提树/让快乐的心灵开始旅途

——菩提树（化方词/李杰曲）

爱 咋 咋 地 —— 我 的 生 命 之 声

记得确诊我的第三个癌——舌癌那天，我坐在周炼医生的办公桌前，泣不成声。内心想着：怎么没完没了了，怎么会又得一个癌！我仿佛听见命运再次给我按下了暂停键。

因为这次患癌与以往不同，需要切舌头。这对一个歌手来说，是无法接受的。然而，我也并无退路可走，既然来了，就接受吧。我很快调整了心态：既然改变不了现实，那就改变面对现实的态度，"爱咋咋地"吧！

"爱咋咋地"，是我一直以来的口头禅。对所有东北人来说，这四个字肯定不陌生，于我更是有着特别的意义。当我罹患癌症被判"死刑"的时候，当我遭遇困境的时候，"爱咋咋地"就会浮现在我的脑海。或许有人会认为这是一种消极心态，但我的理解，它不是消极地放任，而是认清现实后的坦然接受；它也不是无奈的妥协，而是身处困境所保持的豁达心态。这种态度让我在无路可走中找到了一种生存的智慧，甚至成了我的座右铭！

我们的生活中有太多不可控因素，与其纠结于种种无法改变的事情，不如学会接纳。接纳不是认命，而是为了更好地前行。就像古人说的"尽人事，知天命"，在努力之后保持平和的心态，往往能收获意想不到的喜悦。

这个时代的人们，很容易陷入焦虑的泥潭，"爱咋咋地"实际是对社会压力的温和抵抗。它提醒我们，不必事事追求完美，不必时时与人比较。生活不会因为我们的焦虑而变好，但良好的心态可以改变生活的质量。

现在回想，罹患三种癌症，如今已能坦然接受，可能正是这种心态拯救了我。我没有深陷其中，被病痛打倒。"爱咋咋地"绝非消极的逃避，而是一种积极的人生态度，它教会我在疾病面前、在困境之中、在生死之问时保持内心的平静，在充满不确定性的生活中找到属于自己的节奏。只要心中有爱，"爱咋咋地"都是精彩的人生。

生命的礼物——三次癌症教会我的生命课

三次与死神交手：我的生命淬炼之旅

2019 年，当医生说出"扁桃体癌晚期"时，我攥着诊断书的手在抖。第一次化疗后，我摸着镜子里的光头苦笑："原来我的头型还挺好看。"可治疗远比我想象残酷——喉咙溃烂到吞咽口水都像吞刀片，全身关节疼得蜷缩在病床上发抖。十个月里，我签过病危通知书，也见过凌晨三点化疗室的冷光。但每次想放弃时，我就咬紧牙告诉自己："舞台还在等我。"

2020年出院后，我写了《逆境重生》。有人问我为什么自揭伤疤，我说："如果我的疼痛能成为别人的止痛药，就值了。"

可命运总爱开玩笑，2024年确诊舌癌时，我摸着喉咙愣了很久。医生说要切掉半个舌头，我第一反应竟是冲回家录音——那些唱了三十年的歌，我要赶在手术前为它们留下最完整的声音。

现在的我说话会漏风，但笑容不会

术后第一次照镜子，我盯着那道从嘴角蜿蜒到脖子的疤痕发呆。舌头只剩一半，试图说话时口水不受控地流下来。

确实，我再也不能像从前那样唱《蓝蓝的夜蓝蓝的梦》了。前几天直播，粉丝留言："咪姐，能再唱两句吗？"我清了清沙哑的嗓子，试着张嘴演唱，可是不受控制的舌头根本发不出音。满屏的"加油"弹幕里，我突然明白：或许残缺的嗓音比完美的歌声更有力量。

我开始做短视频，分享患病经历后，有人留言："因为你，我今天第一次摸了自己的脖子检查淋巴结。"这比我拿过的任何奖项都珍贵。

癌症偷不走我的光，反而让我成了火炬

前几天收到一封手写信，患乳腺癌晚期的姑娘写道："看到你术后三个月重新说话的视频，我一定要战胜癌症。结婚生子，过上正常人的生活。"我把信贴在床头，想起当初确诊时那个绝望的自己——原来苦难真的可以传递希望。

现在每天练习说话时，我会把手机架在窗前录视频。阳光洒在手术疤痕上，我故意把镜头拉近："看！这道疤像不像凤凰的尾羽？"评论区总有人说我"太要强"，但他们不知道：当我说"活着真好"时，舌尖抵着残缺的牙床，每个字都带着真实的、血淋淋的温度。

今早复健时又流口水了，老公边擦边逗我："你现在像只吐泡泡的锦鲤。"我们都笑了。如果说三次癌症给了我什么礼物，那一定是：我终于懂得，生命最美的旋律不在舞台上，而在破碎与重建之间永不停歇的呼吸声里。

写给每一个在黑暗中寻找光明的你

　　我是一个曾被三次癌症宣判"死刑"的歌手，也是一个从灰烬中重生的普通人。此刻，我坐在书桌前，用不再完整的舌头努力发声，写下这些文字，希望它们能成为你心中的一束光。

"晚期"二字，曾让我坠入深渊

2019 年，医生告诉我："是口咽癌晚期，扩散到淋巴了。"那一刻，我的世界崩塌了。作为歌手，我无法张口说话，无法吞咽食物，甚至呼吸都成了折磨。化疗让头发掉光，放疗灼烂了我的口腔，每一次喝水都像吞下玻璃碴。我对着镜子里的自己痛哭：这具残破的身体，还能唱歌吗？还能活着吗？

但绝望中，一个声音在心底呐喊："张咪，你要赌一把！你真的甘心吗？于是，我擦干眼泪，告诉自己："有那么多人都能活下来，为什么我不能？"

爱，是我最强大的止痛药

治疗期间，我的丈夫 Fred，一个从英国远道而来的硬汉，第一次在我面前流泪。他睡在医院的阳台上，汗水湿透衣襟，却坚持每天为我煲汤；他握着我的手说："如果你不在了，我和你一起走。"经纪人杨波拒绝离开，说"赚钱的机会很多，但咪姐只有一个"。他们的爱，让我明白：我的生命不只属于自己，更属于那些为我流泪的人。

与痛苦和解：苦中作乐是最高明的武器

化疗时，我呕吐到虚脱，却对着镜头比"耶"；头发掉光后，我戴上夸张的假发，和护士们玩自拍。疼痛难忍的深夜，Fred 给我读诗，我竟笑他发音滑稽。是的，苦中作乐不是逃避，而是对命运最优雅的反击。

我开始写作，泪水打湿了稿纸，但每写一个字，就像从死神手里抢回一寸生命。书里记录了我的食谱、康复训练，还有那些病友的故事——他们有的卖房治病，有的在绝望中放弃。我告诉自己：这本书必须写完，因为它能成为别人的救命稻草。

残缺的舌头，完整的新生

2024 年，命运再次考验我——舌癌需要切除半个舌头。手术前，我崩溃了：不能唱歌的人生，还有什么意义？但当我醒来，听到自己含糊却清晰的声音时，我泪流满面。原来，生命从不因残缺而贬值。现在的我，说话仍会流口水，高音不再嘹亮，但每天坚持练声。

最近，我每天都在听我发行过的歌曲《为了爱我的人》，六年前自己在床上写下的歌词令我感受颇深。"伤口终会结痂，绝望里也能开花。"

写给正在挣扎的你

亲爱的朋友，如果你此刻正被疾病或困境折磨，请听我说：

1. 允许自己崩溃，但别让绝望扎根。我曾在深夜痛哭，但天亮后依然按时吃药——脆弱与坚强本就可以共存。

2. 找到你的"Fred"和"杨波"。无论是家人、朋友，甚至一只宠物，让他们成为你的"止痛药"。

3. 把痛苦变成创作的土壤。写作、绘画、唱歌……哪怕只是记录每天的小进步，都会让希望生根。

4. 相信医学，但别忘记"心灵疗法"。我每天配合治疗，也时常冥想、听音乐——身体与灵魂，总要同时治愈。

黑暗的尽头，必有星光

今天，我失去了半个舌头，却拥有了更完整的灵魂。

现在的我依然会学跳舞，写新歌，甚至计划开一场"不完美"的演唱会。因为真正的勇敢，不是无所畏惧，而是看清生活的残酷后，依然选择热爱。

若你问我："未来还有什么需要惧怕？"我的答案是："怕，但我会带着怕，继续往前行。"愿我的故事，能让你在裂缝中看见光的方向。

代后记

超越病痛，传递温暖

2019 年 10 月 4 号中午，我节日听班，一个陌生的号码打了进来，迟疑了一下我接了电话。"庄大夫吗？我是口腔科周大夫，抱歉节日打扰你，我在国外休假，有个病人在急诊想咨询一下你的意见……"

我时常会接到这样的电话，有时在异国他乡，有时在夜深人静。我站定听完，是一位晚期口腔肿瘤的中年女士，化疗放疗后出现严重血小板减少，有致命性出血风险。可节假日血小板又特别紧缺，如果血小板不达标，放化疗不能继续，肿瘤就可能复发，前功尽弃。

节后门诊，我第一次见到了这位病人，她竟然是 30

年前红遍大江南北的歌手——张咪。我当时有点小激动，那些熟悉的歌曲在耳边响起，可她憔悴的面容和布满出血点的双腿又把我拉回到诊室。

病情的复杂程度和治疗风险超出预期，并不是单纯放化疗引起的血细胞减少，输血小板只能维持两三天。作为主线的放化疗必须刹车，何时重启取决于血液能否改善。为了进一步明确原因，张咪接受了骨髓穿刺。结果血液系统出现了新问题——重症再生障碍性贫血，即使采取最有效的治疗方案，血小板达到正常也要半年左右，而且可能对肿瘤不利。如果中途肿瘤复发，我们将陷入进退维谷的僵局。

这样的病例没有标准方案可以参照，协和是全国的疑难病诊治中心，遇到复杂困难的病人，同行们都建议转到协和，即使我这个有二十多年工作经验的"老大夫"，面对如此棘手的问题也感到了压力。前期治疗过的一些类似病人，大部分结果令人满意，但过程漫长而煎熬，而且总有少数人效果不好。真怕张咪落在那部分不好的人中间。

尽管困难很大，但是目前别无选择，只有治好血液病，才能在肿瘤治疗中占据主动。而张咪此时的心情极为复杂，肿瘤刚稳定下来，又出现威胁生命的血液疾病，一点希望的亮光瞬间熄灭。最让人沮丧的是，起初三个月，尽管用了最有效的方案，血小板纹丝不动，一直在危急值附近徘徊——她几乎每周都要来急诊室输血小板。每次抽完血，甚至不敢从手机上查询结果。

我的信心也在这三个月时间受到了很大挑战，怕走了弯路，怕肿瘤复发，怕辜负了信任。可除了坚持更无退路，思前想后，我掩藏起不安，每次都鼓励张咪积极配合，调整心态，哪怕一点点的进步都是令人开心的事儿。

可能是压力太大，还有一点灰心，圣诞节时张咪提出外出度假。我理解她此刻的心情，尽管有风险，能放松一下也好，所以没有阻拦。可很快就收到她出血加重的消息，只好在当地医院输了血小板。

回来没多长时间，疫情就开始肆虐。虽然她很坚强自律，但我仍然能感受到她的焦虑和对未来的担心。时间一天天过去，每次就诊我们都彼此鼓励，她说这次生病她才意识到健康对一个人来说是多么重要，家人的关爱是多么珍贵，也第一次体会到医生是多么辛苦和伟大。

　　终于在 4 个月之后，血小板开始缓慢上升，肿瘤依然稳定，我们悬着的心终于放下了一点。张咪的病情渐渐好转，除了定期来门诊调整药物，她开始关注癌症患者，经常和我分享帮助和鼓励其他病人的故事，其中一位白血病患者于疫情期间发病，血源紧缺，生命垂危。张咪自己还没有痊愈，却为这个病人多次和我沟通，最终转到血液科治疗。虽然是恶性极高的白血病，经过靶向药物加化疗，病人很快转危为安，最终通过骨髓移植得以治愈。

　　更让我感动的是，张咪除了奔走鼓励癌症病人，还创作了十首歌颂生命和关爱的歌曲，其中《一如既往》是她和口腔科周大夫一起演唱的："如雨的汗水是我的回答，无悔的执着是我的回答；一如既往，春秋冬夏。"这首歌在 8 月 19 日医师节发行，特别致敬白衣天使。我听着自己的同事和治疗有效的患者一起深情演唱，心中涌起阵阵暖流。

8月，张咪又到了复诊的时间，这次她不仅血细胞完全恢复正常，肿瘤也全部消失了。我们激动地在诊室里拥抱在一起。她还给我带来了刚出版的新书，真实记录了她抗癌和治疗血液病的经历。那位她曾帮助过的白血病患者寄来100本书，送给血液科的病人们。张咪动情地说："我用亲身经历写下这些文字，希望能让正在困难中煎熬、在病痛中挣扎的人们知道，即使在最黑暗的时候也要心存希望，永不放弃。"

　　血液科大夫每天都在面对肿瘤、化疗、衰竭、输血……即使治疗进展日新月异，还是常常面对无力回天的痛心场面。于是我们变得更加严肃、谨慎，甚至有些不近人情，怕给病人和家属不切实际的希望。和张咪相处的一年多以来，她的信任和真诚让我放下包袱，专注治疗。我常常用她来鼓励其他病人，其实也是在鼓励我自己。只有医患配合、齐心协力，才能战胜病痛，迎来希望。

　　如果你现在看到张咪，一定不相信她经历过那么多的痛苦、折磨、绝望和挣扎，而今逆境重生。她在抖音上科普抗癌，提倡健康生活方式，做公益活动，呼吁全社会理解和支持医务人员……我们经历过病痛甚至生死，才更珍视健康，享受幸福。把温暖传递下去，生命就会熠熠生辉。

北京协和医院血液科主任　庄俊玲

光环背后——我眼中的她

2024 年 11 月 13 号，早上七点十五分，手术室护士来叫咪姐，她和我们一一拥抱，然后跟着护士向手术室走去。看着她的背影，我内心五味杂陈，眼泪止不住地流……

为什么要给这个善良的女人这么多的苦难？怎么可能得第三个癌症？究竟还要经历多少才够完整？手术需要六七个小时，我们只能在病房等待，在漫长的等待中我默默打开手机开始记录着……

我和咪姐相识于十二年前，在这十二年里，我们一起经历了事业上的起起落落，甚至生与死的考验！在我眼中，她一直是那个真诚、善良且永远考虑别人感受的人，就像我经常和她说的那句话："你对得起所有人，唯独对不起你自己！这么多年你从未真正为自己活过。"从 14 岁独自离家外出打拼，到现在年近花甲，咪姐身上承担了太多太多的责任与期待……

我刚开始和咪姐工作的时候，咪姐的父亲还在世，她对父亲的那种孝顺真的是刻在骨子里的。用我的话说，就是"像惯小孩儿似的"，要啥给啥，言听计从！咪姐常说孝顺，孝顺，不仅仅是孝，还有就是顺着！对待哥哥嫂子，弟弟弟妹，甚至是侄子侄女，她都尽心尽力地想着，帮衬着，生怕任何一个受委屈。

对待女儿更是从头到脚地托举，又出钱、又出力的，从事业上、生活上，方方面面地想着。哪怕是在患癌之后的病床上，咪姐还在想着女儿的未来以及怎样在事业上帮到女儿。所以，当我看到网上说咪姐如何如何不管女儿、女儿多么多么吃苦、女儿本人在社交媒体上为了流量营造人设时，我真的很气愤！你们有真正了解过她吗？在我眼中，她是一个了不起的母亲，她为女儿做的事情远远超出了你们的想象！

很多人说咪姐福气好，找了一个特别好的老公，在咪姐患癌的时候不离不弃。但是从我的角度看，以及我这么多年的见证，我想说任何事情都是相互的。大家只了解咪姐老公的好，可是咪姐为对方的付出也是普通人都难以做到的，更别说是一个明星了。大家可能不太了解，咪姐的老公是一个普普通通的公务员，并没有什么财富，所以生活上的开销，以及治疗疾病的昂贵费用都是咪姐独立支撑。但她对老公的照顾真是无微不至，毫无怨言。2011 年和 2024 年咪姐老公身体出现问题的时候，也是咪姐独自全程照顾，在医院跑上跑下。她真的是一个对待感情极其专一的人！

生病那几年放化疗的时候，尽管她非常地痛苦，但还在考虑我们的感受，怕我们因为她而难过。哪怕害怕、流泪，咪姐也都是偷偷躲起来自己承担。每天我去医院开门进病房的时候，咪姐总是微笑着说："来啦！"虽然那时她真的很难受。抗癌这么多年，我没见她耍过哪怕一次脾气，闹过一回情绪，有时候我真的很希望她能发泄一下，但从未有过！

她就是这样一个人，不想把自己不好的情绪带给任何人，永远在考虑别人。

她为人真的很善良，很善良。病情刚刚稳定一些的时候，她刷抖音看到了好多小朋友罹患癌症却没钱医治，为此她开始失眠，而且哭得很难过，大晚上给我打电话说想帮那些小朋友。我知道咪姐的经济条件，为了治病她都卖了自己的房子，就说：怎么帮啊？咱们现在也是能力有限。她说我们可以多直播带货啊，能帮多少是多少！就这样，在她自己还在拿卖房钱治病的同时，去年还帮助了很多小朋友，尽着自己的一份力量，一直关注着小朋友们的恢复状况。

看看表，手术才刚进行两个小时。时间过得好漫长啊，我们都在病房里沉默着。我和咪姐老公四目相对，想说什么却欲言又止！因为我们都不知道咪姐从手术室出来会是什么样子。舌头没了，以后会怎样，都是未知……第三次的舌癌对我们来说确实是一个不小的打击！

大家眼中的咪姐，是一个被光环包围的明星；在我眼中，她就是一个有血有肉、有温度，经历过大起大落仍旧坚强的小女人，她是一个好母亲、好妻子、好妹妹、好姐姐、好姑姑！对待事业专注、坚韧、勇于突破；对待家人尽心尽力，无私奉献；对待朋友真诚相待，给予帮助。

咪姐的一生经历了太多的磨难，如同一首跌宕起伏的乐章，既有高亢的旋律，也有低沉的音符，她用坚韧与勇气书写了一段属于自己的传奇，也用乐观与热爱感染了无数人。

她的故事远未结束，她的光芒将继续照亮前行的路。

祝福咪姐，往后余生，平安！喜乐！

张咪经纪人　杨波

写于北京协和医院西院病房

2024 年 11 月 13 号上午 10:00

图书在版编目（CIP）数据

生命的礼物 / 张咪著 . -- 武汉：长江文艺出版社，

2025.7. -- ISBN 978-7-5702-4056-2

Ⅰ.I267.1

中国国家版本馆 CIP 数据核字第 2025PW0828 号

生命的礼物

SHENGMING DE LIWU

张咪 著

选题产品策划生产机构 | 北京长江新世纪文化传媒有限公司
总 策 划 | 金丽红　黎　波
项目统筹 | 杨　波
责任编辑 | 陈　曦　　　　装帧设计 | 郭　璐　　　　责任印制 | 张志杰　王会利
助理编辑 | 张晓婷　　　　内文制作 | 张景莹　　　　版权代理 | 何　红
法律顾问 | 梁　飞　　　　媒体运营 | 刘　冲　刘　峥　洪振宇
总 发 行 | 北京长江新世纪文化传媒有限公司
电　　话 | 010-58678881　　　　　　　传　　真 | 010-58677346
地　　址 | 北京市朝阳区曙光西里甲 6 号时间国际大厦 A 座 1905 室　　　邮　　编 | 100028

出　　版 | 武江出版传媒 长江文艺出版社
地　　址 | 湖北省武汉市雄楚大街 268 号湖北出版文化城 B 座 8-9 楼　　　邮　　编 | 430070
印　　刷 | 天津盛辉印刷有限公司
开　　本 | 880 毫米 ×1230 毫米　1/32　　　　印　　张 | 8.25
版　　次 | 2025 年 7 月第 1 版　　　　　　　印　　次 | 2025 年 7 月第 1 次印刷
字　　数 | 118 千字
定　　价 | 58.00 元
盗版必究（举报电话：010-58678881）
（图书如出现印装质量问题，请与选题产品策划生产机构联系调换）